Franziska Buchegger

Mama nach dem Herzen Gottes

Über die Autorin

Franziska Buchegger ist seit 2017 glücklich verheiratet mit Fabian und darf Mama von Xaver, Valentina und Laurenz sein. Ihre Leidenschaft, Menschen näher zu Gott zu führen, hat ihr schon einige Abenteuer beschert. Als Mama ist sie auf ganz neue Weise herausgefordert, den Glauben vorzuleben und weiterzugeben. Im Gebet, im Schreiben und im Garten findet sie ihren Ausgleich zum quirligen Familienleben. Auf ihrer Website *www.franziskabuchegger.com* bloggt sie über Lebens- und Glaubensthemen, die ihr Herz bewegen.

Franziska Buchegger

Mama nach dem Herzen Gottes

Wie du als Mutter
in der Nachfolge wachsen kannst

GerthMedien

MIX
Papier | Fördert gute Waldnutzung
FSC® C014496

Wenn nicht anders angegeben, wurden die Bibelstellen
der folgenden Übersetzung entnommen:
Neues Leben. Die Bibel © der deutschen Ausgabe 2002 / 2006 / 2017
SCM R.Brockhaus in der SCM Verlagsgruppe GmbH,
Max-Eyth-Str. 41, 71088 Holzgerlingen.

Weitere verwendete Bibelübersetzung:

Einheitsübersetzung der Heiligen Schrift,
© 2016 Katholische Bibelanstalt, Stuttgart. (EÜ)

1. Auflage 2024
Bestell-Nr. 821041
ISBN 978-3-98695-041-5

Umschlaggestaltung: Mareike Schaaf
Umschlagmotiv: Shutterstock / GekaDe
Lektorat: Désirée Wiktorski, Ellen Fritsche
Satz: Uhl + Massopust, Aalen
Druck und Verarbeitung: GGP Media GmbH
Printed in Germany

www.gerth.de

Dieses Buch ist für dich,
liebe Mama,
die du unendlich kostbar,
wichtig und geliebt bist.
SCHÖN, dass du da bist!

Inhalt

Liebe Leserin,

Solange ich denken kann, war Schreiben eine Strategie für mich, um Antworten auf meine Fragen zu finden. Ich schreibe, weil ich auf der Suche bin nach dem Wahren, Guten und Schönen. Jüngerschaft ist für mich ein Herzensthema. Schon vor meinem Mama-Sein habe ich mich mit Leib und Seele in der Jüngerschaftsschule „Follow Me!“ in Österreich engagiert.

Mein Herz brennt für Persönlichkeitsentwicklung unter dem liebenden Blick des Vaters und für Abenteuer an der Hand Jesu.

Die Jüngerschaftsschule lehrt uns vor allem eines: Entscheidend ist das *„und“*. Am Vorbild Jesu sehen wir, dass er die Jünger mit Worten lehrte *und* sie unmittelbar auch entsandte, um das Gelernte in die Tat umzusetzen.

Im Mama-Sein angekommen fragte ich mich, wie ich Nachfolge in meinem neuen – zugegebenermaßen oft chaotischen – Alltag leben könnte. Um nicht zur „Eierlegenden Wollmilchsau“ mutieren zu müssen, habe ich viele (Nacht-)Stunden damit verbracht, Gott zu bitten, mir einen Weg zu zeigen.

Dabei bekam ich auch die Sehnsucht ins Herz, diesen Weg mit dir, liebe Mama, die du das liest, zu teilen. Genauer gesagt begann ich tatsächlich an einem Pfingstwochenende zu schreiben.

Erst zögerlich, dann prüfend. Ich schüttete meinem Mann mein Herz aus und fragte nach seiner Meinung und ob er mich unterstützen würde.

Ehrlich gesagt war ich ein klein wenig überrascht von seiner Ermutigung, weiterzumachen. In Anbetracht unserer aktuellen Lebensphase schien dieses Projekt kaum möglich: Unsere Kinder waren zu dieser Zeit 21 und vier Monate alt. Vier Wochen später hielt ich dann mein erstes Manuskript in den Händen. Wenn du mich fragst, war das ein Wunder, denn aus meiner eigenen Kraft hätte ich das nicht geschafft.

Dieses Buch möchte dich stärken in deiner Identität als Königstochter und dich ermutigen, deine ganz persönliche Beziehung mit Gott zu vertiefen. Aus dieser Quelle kannst du schöpfen in deiner Rolle als Mama, wo du den Glauben an Jesus auch weitergeben und nach außen tragen darfst. Angelehnt an das Konzept der Jüngerschaftsschule beschäftigen sich die ersten vier Kapitel dieses Buches deswegen vorwiegend mit deiner eigenen Gottesbeziehung. Diese stellt die Grundlage dafür dar, aktiv im Glauben leben und dadurch auch dein Umfeld prägen zu können, wie es die vier weiteren Kapitel beleuchten.

Wie auch die Jüngerschaftsschule „Follow Me!" verwende ich als Quelle vorwiegend die Bibel. Ich liebe Zitate und Verweise auf großartige Bücher und könnte hier noch viele anführen. Ich hatte jedoch den Eindruck, dass das Wort Gottes der rote Faden dieses Buches sein soll, weshalb du hier nur wenige andere Quellen finden wirst.

Bis ich das Buch dann schließlich in den Händen halten konnte, dauerte es noch eine Weile. Gott schenkte mir den Mut, noch andere Mamas um Rat und ihren Eindruck zu dem Geschriebenen zu bitten. Davon konnten ich sowie dieses Buch sehr profitieren!

Bei allen, die mich auf diesem Weg unterstützt haben, möchte ich mich innig bedanken. Allen voran natürlich bei Gott selbst, bei meiner Familie, meinem lieben Ehemann und meinen Mama-Freundinnen, die mir Inspiration und Gebet schenkten. Ich hoffe und bete, dass Gott dir durch diese folgenden Seiten deinen persönlichen Weg der Nachfolge mit ihm zeigen möge.

Deine Franziska

1. Mama, VON GOTT ERWÄHLT

„Nicht ihr habt mich erwählt, ich habe euch erwählt.“
Johannes 15,16a

Du bist als Mensch von Gott geliebt, erwählt und berufen, einen ganz einzigartigen, besonderen Platz in dieser Welt einzunehmen. Jetzt bist du Mama – herzlichen Glückwunsch! Natürlich bist du nicht „nur“ Mama. Aber wenn es dir so geht wie mir, dann machst du die Erfahrung, dass die Rolle der Mama eine sehr umfassende und einnehmende Aufgabe deines Lebens ist. Für diese Rolle möchte Gott dich ganz besonders zurüsten, ermutigen und salben. Auf meinem Weg als Mama wuchs in mir die Sehnsucht, diesen Weg auch als Jüngerin Jesu zu gehen.

Oft hatte ich das Gefühl, in zwei verschiedenen Welten zu suchen und keine finden zu können, in der ich beides miteinander vereinen konnte. Es schien, als gäbe es mein Leben als

Mama auf der einen und das als Jüngerin in der Nachfolge auf der anderen Seite. Doch Gottes Plan für dich und mich als Mama lautet: Jüngerschaft leben, mitten im Mama-Alltag!

Mama nach dem Herzen Gottes

Entschlossen machte ich mich also in der Heiligen Schrift auf die Suche. Eine Jobbeschreibung musste her, denn ich wollte wissen, wie sie aussieht – die Mama, die Gott nachfolgt. Das wichtigste Vorbild für uns Mamas in der Bibel ist für mich Maria, die Mutter Jesu. Gott entschied sich dazu, seinen Sohn durch eine Frau in diese Welt zu senden. Im Garten Eden richtete Gott nach dem Sündenfall folgende Worte aus Genesis 3,16a an Eva:

„Dann sprach er zu der Frau: ‚Mit großer Mühe und unter Schmerzen wirst du Kinder zur Welt bringen.'"

Es ist eine schwere Bürde, die Gott Eva hier auferlegt. Das Leben im Garten Eden war anders geplant. Gott hatte für seine Kinder ein wunderschönes Paradies erschaffen. Durch den Sündenfall kam die Finsternis in die Welt und der Mensch wählte bewusst die Trennung von Gott. Umso schöner und unfassbar demütig von Gott, genau diesen Weg für die Menschwerdung seines Sohnes festzulegen. Ein schönes Zeichen, schon in Jesu Geburt. Gott möchte uns durch ihn Erlösung schenken. Durch Jesus wird die Kluft, die durch den Sündenfall entstanden ist, geschlossen.

Maria, auch als die neue Eva bezeichnet, verkörpert nach katholischem Verständnis die Frau und Mutter nach dem Herzen Gottes. So, wie sie vor dem Sündenfall von Gott erdacht und geschaffen war. Wenn du nicht katholisch bist oder persönlich keinen Zugang zu Maria hast, kann diese Sichtweise für dich neu oder gar herausfordernd sein. Mir wurde erst viel später bewusst, wie unterschiedlich wir Menschen die Rolle der Mutter Gottes im Leib Christi wahrnehmen. Ich möchte dich einladen, diese Seiten zu lesen und als meine persönliche Erfahrung stehen zu lassen. Vielleicht gibt es auch für dich den einen oder anderen Aspekt, wo dir Maria ein liebevolles Vorbild werden kann.

In Maria finde ich neben meiner irdischen Mutter das Vorbild einer zweiten, ganz persönlichen Mutter. Ich fühle mich ihr nah und von ihr verstanden. Sie strahlt für mich Wärme, Zärtlichkeit, Verständnis und Liebe aus. Wir dürfen ihren Spuren folgen, indem wir genau diese Gaben an andere Menschen und insbesondere unsere eigenen Kinder weitergeben.

Das wohl Wichtigste, das wir von Maria lernen können, ist ihre unglaubliche Verfügbarkeit. Gottes Plan zur Erlösung der Welt macht er abhängig vom „Ja" einer jungen Frau. Und sie schenkt ihm dieses „Ja", ohne Wenn und Aber. Sie ist diejenige, die Christus trägt und ihn zu den Menschen bringt.

Maria ist geduldig und lebt eine besondere Art der Hingabe. Wie hätte ich gejammert, wenn ich kurz vor der Geburt auf einem Esel so viele Kilometer hätte bestreiten müssen! Und dann auch noch entbinden in einem Stall mit einem Mann an meiner Seite, der vermutlich keinerlei medizinische Erfahrung hat. Ich kann kaum in Worte fassen, welche Gefühle in mir bei dieser Vorstellung hochkommen. Zimperlich bin ich nicht, aber das wäre für mich durchaus ein Grund, ein bisschen hysterisch zu werden.

Die Mutter Jesu ist von Herzen demütig und gehorsam. Sie ist treu und folgt ihm bis ans Kreuz. Eine der denkbar furchtbarsten Erfahrungen einer Mutter ist es, ihren eigenen Sohn sterben zu sehen. An ihrer Stelle hätte ich wahrscheinlich gekämpft und versucht, so vielen Soldaten wie möglich den Garaus zu machen. Doch Maria erkennt Gottes Plan und steht tapfer und treu an

Jesu Seite. Sie erträgt in Liebe, dass ihr Sohn vor ihren Augen grausam sterben muss.

Man könnte sich nun die Frage stellen: Wie, zum Kuckuck, hat sie das nur gemacht? Sie war doch auch nur ein Mensch! Und doch war sie besonders. Schon bei der Begrüßung spricht ihr der Engel Gabriel zu, voll der Gnade zu sein (vgl. Lukas 1,28). Die Gnade ist es, die uns oft übernatürlich wachsen und handeln lässt. Die uns Kraft schenkt, wenn wir aus eigenen Mitteln nicht mehr können. Wenn wir also auf Maria blicken, geht es nicht darum, sich mit einem Ideal zu vergleichen und daran zu verzweifeln. Sie verweist vielmehr auf das Geschenk der Gnade Gottes. Diese Gnade, die ihr ganzes Wesen ausmacht, ist ein besonderes Merkmal ihrer Person.

Es gibt sicher noch viele weitere Merkmale der Mutter Gottes. Ein Letztes möchte ich hier noch erwähnen: ihre Präsenz. Wie oft entgleiten mir meine Gedanken in die Vergangenheit oder die Zukunft? Wie oft starre ich ins Leere und blende meine Umgebung aus? Wie oft bin ich da und doch nicht da, weil sich mein Inneres aus der Gegenwart flüchtet? Durch den technischen Fortschritt sind wir Mamas noch viel mehr versucht, dem Alltag zu entfliehen. Ein Blick aufs Handy reicht und endlose Welten eröffnen sich. Ein unscheinbarer Kopfhörer ins Ohr gesteckt, und schon entführt uns eine wohlklingende Stimme in aufregende Abenteuer. Maria kann mich genau das lehren: Das Leben ist jetzt. Ich darf lernen, wirklich im Augenblick präsent zu sein. Die Antenne meines Herzens so gezielt auf Gottes Stimme auszurichten, dass ich ihn selbst im Alltagstrubel hören kann. Die Situation, die jetzt gerade da ist, zu umarmen und mich gedanklich nicht irgendwo anders hinzuflüchten. Es fordert mich manchmal sehr heraus, den Alltag mit ganzem Herzen zu leben.

Jene, die mich kennen, wissen, wie sehr ich es liebe, Pläne zu schmieden und groß zu träumen. Mein Ziel ist es aber, endlos scheinende Wiederholungen im Alltag nicht nur auszuhalten.

Ich sehne mich auch danach, das „Hier und Jetzt" lieben zu lernen. Bewusst möchte ich ein Leben gestalten, das ich wirklich mit allen Höhen und Tiefen gerne lebe.

Jüngerin nach dem Herzen Gottes

Wenn wir uns wiederum auf die Suche nach einer Jobbeschreibung eines Jüngers machen, so finden wir auch Stellen, die auf den ersten Blick scheinbar schwer mit Mutterschaft vereinbar sind. Wortwörtlich die Netze fallen lassen, alles stehen und liegen lassen und Jesus nachfolgen? Das scheint vorerst als Mama eher unmöglich zu sein. Soll ich denn etwa mein Baby fallen lassen? Natürlich nicht!

Jesus aber weiß um deine Umstände, er ist sich deiner Lebensphase ganz genau bewusst. Er erwartet keine unmöglichen Leistungen. Und doch, zur Jüngerschaft bist ganz besonders auch du als Mama berufen.

Die Bezeichnung „Jünger" wurde zur Zeit Jesu für Personen verwendet, die einem Lehrmeister gefolgt sind. Dabei wurden nicht nur die Lehre und Werte des Lehrmeisters übernommen, sondern auch praktische Tätigkeiten erlernt. Ein Jünger versuchte sein Leben an dem des Lehrmeisters auszurichten und schlussendlich auch die Botschaft seines Lehrmeisters weiterzugeben.

Die wichtigste Eigenschaft eines Jüngers ist also nicht, bereits alles zu wissen oder zu können. Entscheidend ist, lernen zu wollen. Und zwar nicht nur in der Theorie, sondern auch in der Praxis.

Ich glaube, jede Mama der Welt wird mir zustimmen, dass kein Buch, kein Ratgeber und keine Ratschläge anderer Mamas dich gänzlich auf das Mama-Sein vorbereiten können. Vieles wird dich trotz umfassenden theoretischen Wissens überraschen, erstaunen und herausfordern. Immer wieder fühlt sich das Mama-Sein an wie der Sprung ins kalte Wasser.

Mag sein, dass ich schon einmal gesehen habe, wie sich ein Kind an der Kasse im Supermarkt schreiend am Boden windet, weil es den Lolli nicht bekommt. Mag sein, dass ich ein schlaues Buch darüber gelesen habe, was in solchen Situationen zu tun sei. Trotzdem ist das erste „echte" Erleben dieser Situation mit dem eigenen Kind ein absoluter Schock.

Selbst wenn ich mir vorher einen Plan zurechtgelegt habe, was zu tun ist, falls so eine Situation eintritt, bin ich erst einmal wie gelähmt. In meinem Fall liefern sich Hilflosigkeit und Wut ein Wettrennen. Wie so oft bewährt sich auch hier, die Wehenatmung im Alltag beizubehalten.

Durchatmen, entscheiden, handeln. Ja, ich muss handeln. Denn das Kind liegen zu lassen und weiterzugehen ist letztlich keine Option (obwohl ich zugegebenermaßen eine Sekunde daran gedacht habe ...). Passiert mir das zum dritten, zehnten oder gar fünfzehnten Mal, werde ich schon wesentlich schneller und souveräner reagieren können. Mit der Zeit erkenne ich auch Umstände, Anzeichen und Situationen, die meinem Kind Stress bereiten, und kann dementsprechend unseren Alltag gestalten. Allein dadurch lässt sich so mancher Wutausbruch vermeiden. Ich lerne also durch das Tun, vor allem durch das wiederholte Tun.

Auch Jesus betont immer wieder, wie wichtig es ist, dass es Worte *und* Taten braucht. Es reicht nicht, sich nur theoretisch mit der Lehre Gottes zu füllen. Jesus zeigt uns, dass wir erst wahrhaftig auf sein Wort hören und es verstanden haben, wenn wir auch danach handeln. Im Lukasevangelium 6,47–49 steht:

„Ich sage euch, wie es ist, wenn jemand zu mir kommt, auf meine Worte hört und danach handelt. Das ist wie bei einem Menschen, der

ein Haus mit festem Fundament auf einen Felsen baut. Wenn es dann zu einer Überschwemmung kommt und die Wellen gegen das Haus schlagen, steht das Haus fest, weil es solide gebaut wurde. Wer aber hört und nicht danach handelt, gleicht einem Menschen, der ein Haus ohne Fundament baut. Wenn dann die Flut kommt, stürzt das Haus ein, und es bleibt nichts als ein Trümmerhaufen."

Wie oft schon haben Kleinigkeiten mein Haus gänzlich zum Einstürzen gebracht? Wenn mein Sohn frühzeitig von seinem Mittagsschlaf erwacht und ich noch nicht mit dem Kochen fertig bin. Oder noch schlimmer, wenn ich vielleicht noch gar nicht angefangen habe, weil ich mir eine kurze Pause gönnen wollte. Es gibt Momente, da reicht das für mich völlig aus, um beinahe auszurasten. Es mag beschämend sein, aber ich muss gestehen, in solchen Situationen schon einmal meinen kleinen Sohn angefahren zu haben: Er möge doch endlich schlafen, ich habe schließlich viel zu tun.

Unglaublich, welche Abgründe Gott mir durch mein Mama-Sein aufzeigt! Wenn ich im Nachhinein daran denke, schäme ich mich und bereue mein Verhalten. Es ist mir wichtig, meine Fehler und Schwächen offen zu bekennen. Zum einen, weil ich damit Gott erlauben kann, an mir zu arbeiten. Zum anderen, weil ich möchte, dass meine Kinder wissen, dass ich nicht perfekt bin und jeder Mensch Fehler macht und machen darf. Auch wenn ich dazu neige, mich von meinem Stolz leiten zu lassen, gelingt es mir zum Glück sehr gut, mich unmittelbar bei meinen Kindern zu entschuldigen. Diese offene Kommunikation und Ehrlichkeit gegenüber meinen Kindern empfinde ich als große Gnade.

Meine Kinder motivieren mich, mehr als alles andere, was mich je in meinem Leben motiviert hat, an mir zu arbeiten. Ich denke, als Eltern sind wir es unseren Kindern schuldig, unser Möglichstes zu tun, um unsere Wunden, Fehler und Schwächen nicht an ihnen auszulassen. Diese Situationen zeigen mir sehr deutlich auf, dass ich an meinem Fundament arbeiten darf, um im Alltagschaos nicht von Kleinigkeiten hinweggeschwemmt zu werden. Für meine Familie möchte ich wie ein Fels in der Brandung stehen. Allein kann ich das nicht, aber Gott kann es. Mit seiner Hilfe und Gnade kann es gelingen, Stück für Stück ein Fundament zu bauen, das den Stürmen des Alltags standhält.

Ich glaube, dass Gott schwierige Situationen oft verwendet, um auf ein wackeliges Fundament hinzuweisen. Wenn er mich umschubst, kommt zum Vorschein, was wirklich in mir steckt. Ich liebe diesen Vergleich von zwei Fässern: Wenn sie stehen, wirken sie vollkommen gleich, doch wenn sie umgeschubst werden, kommt das Innere hervor. Ein Fass ist voll mit Steinen, das andere mit Honig. Womit ist dein Fass gefüllt? Wie reagierst du, wenn du von den Umständen umgeworfen wirst? Findest du Steine, Groll und böse Worte, oder quillt aus dir Liebe, Verständnis und Geduld hervor?

Während ich diese Zeilen schreibe, bin ich nun schon siebenmal bei meiner kleinen Tochter gewesen. Sie schläft zurzeit sehr unruhig und braucht viel Nähe. Es ist erst elf Uhr abends. Ich muss schmunzeln, wie sehr diese Worte auf mich zutreffen. Wie viele Steine noch in mir stecken. Erst langsam beginnt ein bisschen Honig zu fließen, und ich weiß, jedes bisschen davon ist geschenkt durch Gottes Gnade. Ich bin auch überzeugt, dass es Gottes wundervoller Masterplan ist, der dieses kleine Wesen so unglaublich süß gemacht hat, dass man ihr eigentlich nie wirklich böse sein kann.

Zurück zu Theorie und Praxis. Zu diesem Thema steht in der Bibel Folgendes im Jakobusbrief 1,22:

„Aber es reicht nicht, nur auf die Botschaft zu hören – ihr müsst auch danach handeln! Sonst betrügt ihr euch nur selbst."

Gottes Wort schenkt uns das wahre Leben, er träumt von einem Leben in Fülle für jede Einzelne von uns. Erst war ich jedoch verwundert: Mich selbst betrügen, wenn ich nicht nach Gottes Wort handle? Worum betrüge ich mich denn selbst?

In meinem Leben sind das vor allem Wahrheit, Wachstum und Freude. Wenn ich merke, dass ich Gottes Wort nicht befolge und seine Wege verlassen habe, dann fühle ich mich manchmal wie ferngesteuert. Ich beginne mich hinter Ausreden zu verstecken, suche mein Glück in kurzfristigen Freuden (oh ja, ich spreche vor allem von Schokolade!) oder werde ungeduldiger mit mir selbst und anderen. Mein eigener Komfort wird mir wichtiger. Das sind nur ein paar der Auswirkungen in meinem Leben, wenn ich Gott auf den Rücksitz verbanne oder ihn gar aus dem Auto schubse.

Gottes Wort zu folgen kann mitunter sehr anstrengend sein und braucht immer wieder eine bewusste Entscheidung, oft sogar mehrmals täglich! Liebe Mama, ich möchte dich ermutigen, dich immer wieder zu dieser Entscheidung durchzuringen! Tun wir das nicht, verliert das Leben an Geschmack und Farbe. Nicht nur wir selbst, sondern vor allem unsere Beziehungen in der Familie leiden darunter.

In Lukas 9,23 lesen wir davon, was Jüngerschaft mitten im Leben bedeutet:

„Dann sagte er zu der Menge: ‚Wenn einer von euch mit mir gehen will, muss er sich selbst verleugnen, jeden Tag aufs Neue sein Kreuz auf sich nehmen und mir nachfolgen.'“

Die Nachfolge Jesu passiert nicht einfach. Du bist Tag für Tag eingeladen zu einer bewussten Entscheidung. Es wird nicht immer der leichtere Weg sein, aber ich verspreche dir, auf lange Sicht ist er so viel erfüllender als alles, was du dir erträumen kannst.

Jüngerschaft bewirkt Jüngerschaft. Gottes Plan geht noch viel weiter als bis zu dir. Er geht mitten durch dich hindurch in diese Welt.

Im Matthäusevangelium 28,19–20 gibt uns Jesus einen wichtigen Auftrag:

„Darum geht zu allen Völkern und macht sie zu Jüngern. Tauft sie im Namen des Vaters und des Sohnes und des Heiligen Geistes und lehrt sie, alle Gebote zu halten, die ich euch gegeben habe. Und ich versichere euch: Ich bin immer bei euch bis ans Ende der Zeit."

Als Mama, beziehungsweise als Eltern, sehen wir uns unter anderem auch für die Taufe unserer Kinder verantwortlich. Nicht immer, aber sehr oft wird das Sakrament der Taufe zu einem Zeitpunkt gespendet, wo wir als Eltern noch stellvertretend für das Kind entscheiden. Das scheint noch relativ einfach zu bewältigen zu sein, doch es geht noch viel weiter. Durch diese Schriftstelle beauftragt uns Jesus auch, alles zu lehren, was er uns gelehrt hat. Ziel dieser Lehre sind Kinder und später Erwachsene, die selbst diese Entscheidung für den Weg der Jüngerschaft treffen können. Jesus weiß, dass diese Sendung nicht immer einfach ist. Er selbst aber verspricht uns am Ende des Matthäusevangeliums, immer bei uns zu sein. Nicht manchmal, gelegentlich oder ab und zu. IMMER – das ist sein Versprechen.

»

Jüngerschaft
bewirkt
Jüngerschaft.

«

Glaube ich das wirklich? Lebe ich tatsächlich so, als wäre Jesus immer bei mir? Und zwar ganz nah bei mir? Wenn ich ehrlich bin, nein. Im Strudel meines Lebens hat sich einmal mehr mein Bild von Gott verzerrt und ich habe ihn kurzerhand hinter den Wolken verschwinden lassen. Immer wieder passiert es mir, dass ich anfange, mir Gott zurechtzubasteln und in einen Mini-Rahmen zu stopfen. Genau dann möchte mir Gott zeigen, wer er wirklich ist, und sprengt diesen Rahmen. Solche Momente können frustrierend sein. Gerade noch glaubte ich zu wissen, wer Gott ist, und plötzlich steht mein Gottesbild auf dem Kopf. Das Schöne daran ist, es spornt mich an und weckt meine Sehnsucht danach, Gott immer näher kennenzulernen. Ihn zu suchen mit all meiner Kraft, meinem ganzen Herzen und meiner Seele.

Dein persönliches Gottesbild

Wie du Gott siehst und welche Rolle er in deinem Leben einnimmt, ist entscheidend dafür, wie du Jüngerschaft leben kannst. Wenn du deinen Kindern von Gott erzählst, wenn sie beobachten, wie du im Alltag deine Beziehung zu ihm pflegst, dann werden sie unweigerlich Aspekte deines Gottesbildes übernehmen. Von dir lernen sie, wie Gott ist und wer er ist. Dies gilt ebenso für weitere Menschen, mit denen du in engerer Beziehung stehst. Doch besonders kleine Kinder übernehmen deine Wahrheit voll und ganz.

Was Mama sagt, ist wahr. Die Auseinandersetzung mit deinem eigenen Gottesbild ist daher sehr wichtig für dein Vorleben von Gottesbeziehung. Schon oft habe ich Freunde, die mit dem Glauben an Gott wenig anfangen können, gefragt, wie sie sich Gott denn vorstellen. Es ist ein toller Gesprächseinstieg und sehr spannend, welche kuriosen Rollen Gott in dieser Welt zugeschrieben werden. Meine Reaktion auf ihre Antwort war häufig folgender Satz: „An diesen Gott glaube ich auch nicht!"

Jetzt möchte ich dich einladen, dich auf eine Entdeckungsreise zu begeben. Erforsche dein Innerstes danach, wie Gott für dich persönlich ist. Nimm dir fünf Minuten Zeit und notiere, wie du persönlich Gott jetzt im Augenblick wahrnimmst.

Mein Gott ist:

____

____

____

____

Hier hast du noch Platz zu zeichnen, was dir in den Sinn kommt:

Es gibt zahlreiche große und kleine Vorstellungen von Gott, die nicht auf ihn zutreffen. Hier möchte ich jene Gottesbilder aufzählen, die sehr weit verbreitet sind. Manchen davon bin ich schon in mir selbst begegnet. Jedes Einzelne davon habe ich schon im Kontakt mit anderen Menschen vorgefunden. Möglicherweise entdeckst auch du ein buntes Mosaik von verschiedenen Fragmenten, aus denen dein Gottesbild zusammengefügt ist.

Die folgenden Beschreibungen möchte ich gerne kurzhalten. Es geht mir darum, dir einen Einblick zu verschaffen und dir eine erste Idee zu geben, wo dein Gottesbild falsch sein könnte. Um die Wahrheit über Gott entdecken zu können, braucht es zunächst oft ein „Zerreißen" des Vorhangs der Lüge. Ich lade dich ein, mutig, ehrlich und offen zu sein, wenn du die nächsten Absätze liest!

Lass zu, dass Gott die Lügen in deinem Leben überführt und dich dadurch näher an sein wahres Herz ziehen kann!

Gott ist …

… ein Cola-Automat:
Gib Gebet rein und dein Anliegen kommt heraus. Funktioniert sehr einfach und entspricht unserer Leistungsgesellschaft in Mitteleuropa ganz hervorragend. Wenn Gott nicht abliefert, kommt er aufs Abstellgleis und wird nunmehr aus Wut mit Nichtachtung gestraft. Schließlich hat man investiert und nichts erhalten.

Als Mamas beten wir häufig und inbrünstig um einen guten (und möglichst langen) Mittagsschlaf der Kinder. Der Mittagsschlaf ist uns sehr wichtig und darüber macht man keine Scherze.

Auch nachts wird der Schlaf immer wieder zum Gebetsmittelpunkt. Wie oft geht es dennoch schief und die fehlende Nachtruhe raubt uns schließlich den letzten Nerv? Hast du dich auch schon einmal dabei ertappt, wütend zu schnauben und Gott „Danke für nichts!“ an den Kopf zu werfen?

… der Weihnachtsmann:
Bei diesem Gottesbild darf man kommen, sich auf den Schoß setzen und eine mehr oder weniger gut überlegte Wunschliste vorlesen. Ein schönes Selfie und ein lautes „Hohoho“ später ist die Sache auch schon wieder vorbei. Gott ist nicht wirklich ernst zu nehmen, aber es ist nett, dass er da ist. Wichtig ist, dass er Geschenke bringt und bloß keine Anstrengung von mir erwartet.

Von diesem Gott wünsche ich mir als Mama ein schönes Weihnachtsfest und ein bisschen Glitzer im Leben. Ansonsten spielt er keine große Rolle.

... ein Richter:
Von diesem Gott fühlen wir uns permanent verurteilt. Das Leben im Glauben an ihn bringt viele Gesetze und keine Freiheit. Spaßbefreit und mit gebücktem Rücken muss man sich vor ihm behaupten und darf keinerlei Fehler machen.

Eine Mama, die dem Perfektionismus verfallen ist, ist für ihn ein gefundenes Fressen. Mamas müssen nicht nur die Zehn Gebote einhalten. Nein, bloß keinen sehnsüchtigen Blick auf die Couch riskieren, denn Ruhe gibt es erst, wenn das Haus blitzblank geputzt ist. Ein krankes Kind muss die Strafe des Herrn sein, und wenn ich mein tägliches Gebetsvorhaben nicht erfüllt habe, sollte ich wohl schleunigst zur Beichte.

Das ist sehr überspitzt ausgedrückt und doch so wahr und präsent, auch in meinem Alltag. Dieses Gefühl, nicht und niemals gut genug sein zu können, begegnet mir immer wieder.

... fern und unpersönlich:
Dieser Gott wohnt weit über den Wolken und thront über der Erde. Zum Zeitvertreib hat er die Erde bevölkert als ein wenig Unterhaltung, wie das Sonntagnachmittagsprogramm im Fernsehen. Es interessiert ihn nicht wirklich, was auf der Erde, geschweige denn in meinem Herzen, vorgeht. Mein Leben ist diesem Gott letztlich egal. Dieser Gott ist dafür zuständig, dass es ein Leben nach dem Tod gibt und jemand den Himmel bewohnt.

Als Mama kann ich mit diesem Gott nicht viel anfangen, denn das Leben mit Kindern findet im „Hier und Jetzt“ statt, sehr nah und sehr persönlich. Von diesem Gott fühle ich mich verlassen. In der Einsamkeit, die ich als Mama immer wieder verspüre, kann ich diesem Gott nicht begegnen. Er sieht mich nicht. Ich kleines Menschlein bin nicht wichtig genug, um meine Alltagssorgen und Freuden mit ihm zu teilen.

... ungerecht:
In diesem Fall hat Gott bestimmt Lieblingskinder und auch eine gute Beziehung zu diesen. Mir persönlich gibt er aber immer nur das Schlechteste und meint es nicht gut mit mir. Von diesem Gott werde ich benachteiligt und immer übersehen.

In meinem Mama-Dasein heißt das, dass meine Kinder vermutlich nicht durchschlafen, bis sie zwanzig sind. Nichts ist gut genug und schuld ist Gott, bei dem ich immer den Kürzeren ziehe. Und das, obwohl ich so brav sonntags zur Kirche gehe. Fragst du dich nicht auch manchmal, warum gute Menschen ständig schlimme Ereignisse treffen, während scheinbar schlechte Menschen aus dem Vollen schöpfen?

... nebensächlich:
Als kompetente Lebenskünstlerin habe ich mein Leben selbst in der Hand. Gott ist gut auf dem Rücksitz verstaut, hat am Beifahrersitz oder gar am Fahrersitz meines Lebens aber nichts verloren. Ich weiß, wo es langgeht, und besitze den Masterplan.

Als Mama brauche ich Gott nicht, denn ich weiß ohnehin, wie es geht. Wenn ich überfordert bin, kaufe ich lieber einen neuen Ratgeber oder checke die Seiten von Influencer-Mamas, als mich an Gott zu wenden.

Bete kurz und bitte Gott, dir aufzuzeigen, wo du ihn auf eine falsche Art und Weise wahrnimmst.

Viele dieser Gottesbilder spiegeln leidvolle Erfahrungen von Menschen mit sich selbst oder untereinander wider. Sehr oft entstehen falsche Gottesbilder aus einer Wunde heraus, die du in deinem Leben, häufig schon in der Kindheit, erfahren hast.

Solche Projektionen können eine Macht über unser Leben bekommen, die uns von Gott wegzerrt. Deshalb ist es wichtig, falsche Gottesbilder aufzudecken.

Bitte Gott um Heilung und um seine Gnade, dass er sich dir offenbart, wie er wirklich ist. Wenn du möchtest, kannst du dafür dieses Gebet verwenden:

»

Gott, ich möchte dich kennen, wie du wirklich bist,
nicht wie jemanden, den man morgen vergisst.
Viele sagen, es gibt dich nicht.
Und doch bist du meines Lebens Licht.
Es gibt niemanden, der so liebt wie du;
bei dir allein kommt mein Herz zur Ruh'.
Ich will nach deinem Willen fragen
und auch im Leid nicht verzagen.
Deine Gnade ist größer als meine Wunden.
Zuflucht und Heil habe ich bei dir gefunden.
Was die Welt mir sagt, was ich brauche zum Glück,
ich lasse alles für deine Liebe zurück.
Lehre mich, deine Jüngerin zu sein,
denn du bist mein Glück allein. «

Wie Gott wirklich ist

Das lehrt uns Jesus. Er selbst ist der Weg zum Vater. Einem Vater, der seinen Sohn Jesus so liebt wie dich und mich. Kannst du dir das vorstellen? Einen Gott, der dich so liebt, wie er seinen Sohn Jesus liebt? Nicht ein winziges Stückchen weniger. So lange gehe ich nun schon mit Gott und doch scheint mir dieser Satz so unbegreiflich, obwohl ich weiß, dass er wahr ist.

Im Wort Gottes steht in Galater 4,4–7 in der Einheitsübersetzung (EÜ):

„Als aber die Zeit erfüllt war, sandte Gott seinen Sohn, geboren von einer Frau und dem Gesetz unterstellt, damit er die freikaufe, die unter dem Gesetz stehen, und damit wir die Sohnschaft erlangen. Weil ihr aber Söhne seid, sandte Gott den Geist seines Sohnes in unser Herz, den Geist, der ruft: Abba, Vater. Daher bist du nicht mehr Sklave, sondern Sohn; bist du aber Sohn, dann auch Erbe, Erbe durch Gott."

Gewaltig! Was für eine Zusage! Mit seinem Leiden hat uns Jesus die Kindschaft erkauft. Gott möchte, dass du ihn anrufst, nicht wie ein Sklave seinen Herrn, sondern so, wie ein kleines Kind nach seinem Papa ruft. Durch Jesu Kommen wurde das Gottesbild der Juden zur damaligen Zeit vollkommen über den Haufen geworfen. Der Name Gottes durfte nicht ausgesprochen werden, er galt als unnahbar, wie ein ferner Herrscher, vor dem die Untertanen erzittern müssen. Jesus aber lädt uns ein, Gott sogar „Abba" zu nennen, was unserem „Papa" entspricht. Er ist ein Papa, der dich unermesslich liebt! Genau so dürfen wir zu Gott kommen. Gott hat dich nicht erschaffen, um ihm als Sklave bis in Ewigkeit zu dienen. Er sehnt sich nach einer innigen Beziehung zu dir. Wenn du in deinem eigenen Leben einen liebevollen

Papa erfahren durftest, wird es dir wahrscheinlich leichter fallen, dieses Bild von Gott anzunehmen. Wenn du aber zu deinem irdischen Papa keine gute Beziehung hast, wird es dir womöglich auch schwerer fallen, Gott als liebenden Vater wahrnehmen zu können.

In meinem Fall kann ich mich wirklich sehr glücklich schätzen. Ich bin, wie man in Österreich so schön sagt, schon immer ein „Papamädi" gewesen. Mein Papa ist mein Held, und was er nicht richten kann, ist nicht mehr zu retten. Natürlich nehme ich mit zunehmendem Alter auch seine Schwächen wahr, doch das Gefühl bleibt: Bei Papa bin ich sicher, er hat mich lieb und nichts kann das ändern. Trotzdem hatte ich meine Schwierigkeiten, diese Erfahrung auf mein Gottesbild zu übertragen, da mir Gott lange Zeit unendlich weit weg zu sein schien. Die Wahrheit war aber, dass ich mich vor ihm versteckt hatte, und nicht umgekehrt.

Ich lade dich ein, auf deine eigene Vaterbeziehung zu schauen. Inwiefern hat sich diese auf deine Beziehung zu Gott ausgewirkt? Wenn du hier eine Wunde entdeckst, lege deinen Schmerz ganz neu in die Hand des einzig vollkommen liebenden Vaters. Bitte ihn um Heilung und einen Neuanfang in eurer Beziehung.

Besonders, wenn dich dieses Thema sehr beschäftigt, möchte ich dich zu folgender Übung ermutigen: Überlege, was dich in deiner Vater-Kind-Beziehung verletzt hat. Besonders jene Ereignisse oder Worte, die dich heute noch schmerzen. Denke auch an alles, was du deinem Vater womöglich noch nicht verziehen hast oder noch immer nicht verzeihen kannst.

Hab den Mut, dabei auch deine Gefühle wahrzunehmen. Das kann wie eine innere Reise sein, die dich an den Ort deiner Verletzung zurückführt. Diese Wunde wahrzunehmen ist ein wichtiger Schritt zur Heilung.

Eine tiefe Verletzung wird oft eingeschlossen, im Innersten versperrt, weil das (Wieder-)Erleben zu schmerzhaft wäre. Dies ist eine natürliche Schutzreaktion und hilft einem Menschen im ersten Moment, weiterzumachen. Es ist eine Strategie, um nicht unter dem Schmerz zusammenzubrechen. Je länger so eine Wunde aber weggesperrt wird, desto tiefer wird sie. Du bist gewachsen seither und du hast Gott bewusst einen Platz in deinem Leben gegeben. Du bist also nicht allein! Ich spreche dir Mut und Kraft zu, diese Wunde heute liebevoll und direkt anzusehen. Das ermöglicht auch, dass das vorher Eingeschlossene und Verhärtete erweicht wird und sich lösen kann, womöglich auch in der Form von Tränen.

Erst wenn du bereit bist, dir selbst gegenüber ehrlich zu sein, den Schmerz aufzuspüren und noch einmal zuzulassen, kann ein Weg der Versöhnung möglich werden. Schreibe deine Gedanken auf einen Zettel nieder. Im nächsten Schritt möchte ich dich einladen, deine Wunden heute voll und ganz an Gott zu übergeben. Zünde den Zettel an (an einem sicheren und feuerfesten Ort) und versuche, bewusst loszulassen.

Wenn es wirklich tief in deinem Inneren nagt und du keinen Frieden findest, empfehle ich dir, dir externe Hilfe zu suchen. Gott segnet uns mit großartigen Menschen, die in Geistlicher Begleitung, Psychologie und Psychotherapie ausgebildet sind. Dies zu nutzen, ist ein mutiger Schritt in die Zukunft und keineswegs ein Grund, sich schwach zu fühlen!

Deine Beziehung zu Gott

Beziehung braucht Pflege. Das ist uns allen bewusst, und doch vergessen wir dabei oft, dass auch unsere Beziehung zu Gott Pflege braucht. Er drängt sich nicht auf, seine Anrufe und Nachrichten sind meist etwas schwerer zu erkennen als ein klingelndes

Handy und zehn neue WhatsApp-Nachrichten. Gott ist stets bereit. Seine Arme, Ohren und sein Herz sind weit offen für dich. Doch du bist eingeladen, zu ihm zu kommen und für diese Beziehung bewusst Zeit und einen Rahmen zu schaffen. Es braucht deine ganz persönliche, vorzugsweise auch Stille Zeit mit Gott.

Als ich den ersten Entwurf dieses Buches verfasste, waren meine Kinder vier und 21 Monate alt. Zum Erscheinungszeitpunkt des Buches tummeln sich in unserem Heim bereits zwei Kleinkinder und ein Säugling. Wenn ich von „Stiller" Zeit schreibe, muss ich selbst schmunzeln. Ja, stille Momente haben wir Mamis oft nicht allzu viele und doch sind sie da. Entscheidend ist, wie wir die wenige Zeit nutzen, die wir für uns selbst haben. Wenn ich meine wenigen 30 Minuten täglicher Freizeit mit Serienschauen verbringe, wird nicht mehr viel an Beziehungspflege möglich sein. Es braucht anfangs wirklich Überwindung. Und mit anfangs meine ich jeden Tag am Anfang der Stillen Zeit.

Oft nenne ich es auch meine stillen Momente mit Gott, wozu ich nicht unbedingt eine äußere Stille brauche. Wichtig sind vor allem geöffnete Herzensohren und angehaltenes Gedankenbrausen. Dann kann es geschehen. Ein Moment mit Gott, mitten in der bunten Geräuschkulisse des Kleinkindspiels. Was für eine Gnade. Und auch eine Übung, die mit der Zeit etwas leichter wird, wenn du es immer wieder versuchst!

Um meine Beziehung zu Gott aufrechtzuerhalten, brauche ich im Alltag viele kleine Momente und Routinen. Dafür ist es hilfreich, wenn ich Gewohnheiten in Form von täglichen Routinen einübe. Ich kann dazu von ganzem Herzen den „My Vision Planner" von Christina Walch empfehlen. Dieser besondere Kalender hat mir sehr geholfen, meinen Alltag besser zu strukturieren und mir bewusst Zeit für Gott einzuräumen. Es ist nicht immer einfach, aber durchaus möglich, das auch mit zwei kleinen Kindern umzusetzen.

Wenn ich meine Zeit nutze, um mit Gott in Beziehung zu treten, meine Hoffnung ganz auf ihn zu setzen (und nicht auf einen langen Mittagsschlaf, einen ungestörten Abend, den leckeren Schokoriegel ...) und um mich von ihm füllen zu lassen, dann verändert sich nach und nach mein Herz. Es führt mich in ein Leben der Fülle. Und natürlich hat das immense Auswirkungen auf unseren Alltag als Familie.

Manchmal, da bin ich ehrlich, lasse ich es schleifen. Ich drifte ab, werfe mich in jeder freien Minute auf die Couch und möchte einfach nur abschalten und mich berieseln lassen. Süßes und Schnulzen, das habe ich mir schließlich nach einem harten Tag verdient. Die Früchte aber zeigen mir immer wieder ganz deutlich, welcher Weg der eigentlich bessere ist. Letztlich gönne ich mir viel mehr, wenn ich Zeit mit Gott verbringe statt mit dem Wohlfühlprogramm der Welt. Ich möchte nicht falsch verstanden werden, denn all das darf sein und gehört dazu. Aber ich merke: Wenn ich meine Hoffnung auf diese Wohlfühlmomente setze, brauche ich immer mehr und werde doch nie satt. Bei Gott allein kommt mein Herz zur Ruhe und danach sehne ich mich schlussendlich am allermeisten. Aus dieser Beziehung schöpfe ich Liebe und Kraft für die vielen anderen Rollen, die ich in meinem Alltag ausfüllen darf.

Ein ganz praktisches Beispiel ist die Reaktion auf ein verfrühtes Erwachen meiner Kinder aus dem Mittagsschlaf. Wenn ich mich mit mir beschäftige und mir eine Auszeit am Fernseher „gönne", reagiere ich viel gereizter, als wenn ich gerade bete oder mir gleich am Anfang des Mittagsschlafs Zeit mit Gott freigeräumt habe.

Ein anderes Beispiel ist die Situation, wenn mein Mann von der Arbeit heimkommt. Eine freudige Stimmung und ein bewusstes Begrüßen meines Mannes sind mir sehr wichtig. Schon bevor er heimkommt, setze ich mich mit den Kindern auf die Fensterbank und wir halten Ausschau, ob wir sein Auto entdecken. Nach heftigem Winken gehen wir ins Treppenhaus und warten, bis er von der Garage herüberkommt. Der Große besteht dann meist darauf, Papa unten im Treppenhaus abzuholen. Das erste Bussi bekomme aber immer ich! Auch darauf legen wir Wert. Dann gehen wir alle in die Küche, wo wir uns erst mal an den Tisch setzen und möglicherweise schon ein Kaffee auf meinen Mann wartet. Bevor ich allzu weit ausschweife, komme ich nun zum Punkt: Dies ist mein „Ideal" dieser Situation.

Kleinigkeiten, wie etwa eine Verspätung oder ein schreiendes Kind, bringen mich nicht aus der Ruhe, wenn ich an diesem Tag gut mit Gott in Verbindung war. Habe ich jedoch ständig versucht, die Sehnsucht in mir mit weltlichen Genüssen zu füllen, bin ich versucht, die Kinder meinem Mann in die Arme zu drücken und mich allein ins Bad zu flüchten. Oder schlimmer, ich fauche ihn an, wo er denn schon wieder zehn Minuten vertrödeln musste.

Tatjana Schnegg vom Magazin „Sonne im Haus" sagte in ihrem Vortrag „Mama, du bist unersetzbar – Erkenne deinen Wert!" beim Online-Mama-Kongress 2021, wir Mamas seien die Wettermacher zu Hause. Ob die Sonne scheint, es stürmt oder donnert, macht einen großen Unterschied. Ist das Gewitter erst einmal losgegangen, müssen wir schon wirklich beide das Ruder packen und mit Gottes Hilfe eine 180-Grad-Wendung einlegen. Wie das Ankommen meines Mannes zu Hause verläuft, bestimmt bei uns oft den weiteren Tagesverlauf.

Auch wenn wir Mamas am Ende des Tages müde sind und uns über einen kurzen kinderfreien Moment freuen, ist dieser Augenblick ein Schlüsselpunkt für unseren Alltag. Manchmal höre ich im Hinterkopf diese leise Stimme, die säuselt: „Dein Tag war so furchtbar anstrengend. Jetzt ist er endlich da. Soll er mal machen. Du hast dir wirklich eine Pause verdient!" Kennst du das?

Du hast als Mama hier eine große Verantwortung. Die Versuchung, Frust abzuladen und grantig zu sein, kann sehr groß sein – und auch sehr verständlich! Doch Gott hat uns die Gnade geschenkt, über einen freien Willen zu verfügen. Nutze ihn, entscheide dich gegen die Opferrolle, bitte um Gottes Hilfe und wähle die Freude! Selbst wenn du sie anfangs nicht fühlst, wird sich deine Entscheidung lohnen und die Freude bei euch einkehren.

Stille Zeit mit Gott im Mama-Alltag

Um im Mama-Alltag Beziehungspflege mit Gott unterzubringen, braucht es einen Rahmen und Inhalte, die knackig, aber tiefgehend sind. Eine der ersten Erkenntnisse meines Mama-Alltags war, dass „Stille Zeit" nicht unbedingt eine „stille" Zeit sein muss oder manchmal auch nicht sein kann. Besonders mit ganz kleinen Kindern ist ein gewisses Chaos vorprogrammiert. Was zählt, ist die Bereitschaft deines Herzens, mit Gott in Kontakt zu treten und ihm Zeit zu schenken. Dabei braucht es eine gewisse Flexibilität, denn wie wir wissen, können sich Routinen und Phasen mit kleinen Kindern ziemlich schnell ändern. Folgende Punkte können dich inspirieren, um deinen persönlichen Weg dafür im Alltag zu finden.

„My Vision Planner" oder ein Kalender deiner Wahl
Trage dir deinen Tagesablauf ein und führe jede Woche maximal fünf Routinen ein, die du versuchst jeden Tag umzusetzen. Mindestens eine davon sollte der Beziehungspflege mit Gott dienen. Das hilft mir dabei, am Ende des Tages zu reflektieren und ein Häkchen zu setzen oder es nachzuholen, wenn ich es noch nicht umsetzen konnte.

Wichtig ist, sich dabei realistische Ziele zu setzen. Gott verlangt nicht, dass du drei Stunden am Stück betest. Nimm dir ein Gebet vor, die Tageslesungen (zum Beispiel die „Losungen") oder vielleicht ein Lobpreislied, das du singen willst. Das geht auch wunderbar mit Kindern gemeinsam!

Ich liebe es, meine täglichen Routinen immer wieder zu variieren. Dann bete ich bewusster und genieße die verschiedenen Formen, Gott zu begegnen.

Feste Tageszeit / Tätigkeit

Dieser Vorschlag ist oftmals schwer umsetzbar. Vor allem kleine Kinder halten sich tageszeitentechnisch meist an gar keine festen Regeln. Aber vielleicht gibt es diese Momente am (sehr) frühen Morgen, wo du eventuell nur mit dem Stillkind auf bist und eine feste Zeit mit Gott einplanen kannst. Oder der Mittagsschlaf oder abends. Abhängig von deiner täglichen Routine gibt es möglicherweise Fixpunkte, an denen du dich orientieren kannst.

Sind Tageszeiten gänzlich undenkbar für dich, kann es auch eine Möglichkeit sein, das tägliche Gebet an Aktivitäten zu binden. Mir hilft zum Beispiel derzeit der Spaziergang jeden Vormittag, um mit Gott in Verbindung zu treten. Ich entdecke Gott in der Schönheit der Schöpfung und danke ihm (teilweise auch laut) für die Natur, die frische Luft oder eine nette Begegnung.

Bibel-App

Herrlich unkompliziert und immer verfügbar. Das Smartphone versuchen wir Mamas im Alltag eher von unseren Kindern fernzuhalten, aber in diesem Fall war ich schon oft dankbar dafür. In wenigen Sekunden habe ich die Tageslesungen auf dem Bildschirm und kann eintreten in das Wort Gottes. Vor allem nachts ist das für mich eine große Hilfe!

Aus all den verschiedenen Apps fiel meine persönliche Entscheidung auf „Evangelizo". Für Liebhaber der englischen Sprache empfehle ich auch „Lectio 365", die täglich wertvolle Gebetsandachten für den Morgen sowie den Abend anbieten. Verschiedene Bibelübersetzungen sowie Lesepläne findest du auch in der „YouVersion Bibel-App".

Vorformulierte Gebete

Damit meine ich jene Gebete, die mich aus meiner Geschichte heraus in meinem Leben begleiten und besonders stärken. Vor allem in turbulenten Zeiten, wenn ich Momente erlebe, die mich beinahe verzweifeln lassen. Besonders dann finde ich in diesen Gebeten Zuflucht und Frieden. Das können Texte sein, die durch viele Wiederholungen verinnerlicht werden und wenig aktive Konzentration erfordern. Wenn zum Beispiel ein Neugeborenes viel schreit und einfach nichts hilft, dann finde ich hier einen Anker, der mich festhält. Überlege, ob es für dich so ein Gebet gibt, oder begib dich auf Schatzsuche! Das wohl bekannteste formulierte Gebet ist das „Vaterunser" aus der Bergpredigt (vgl. Matthäus 6,9–13), das du in den verschiedensten Situationen beten kannst.

Gebetsjournal

Ich liebe es zu schreiben. Dabei wird mir oft vieles klarer und ich werde ganz ruhig. Das kann ich in meiner aktuellen Lebensphase nicht täglich umsetzen, aber wenn ich dazu komme, ist es eine ganz besondere Zeit. Am liebsten verwende ich in meinem Journal nur einen Vers aus der Bibel. Ich danke Gott für sein Wort und stimme dem Gelesenen zu. Ich schreibe auf, was es für mein Leben bedeutet. Dann formuliere ich die Bitte an Gott, mir zu helfen, dass sein Wort in meinem Leben immer mehr Wirklichkeit wird. Abschließend schenke ich ihm erneut mein „Ja".

Manchmal mache ich auch nur einen Eintrag, wo ich vor Gott bringe, was mich bewegt. Vor allem, wenn es in mir tobt, stürmt und Unruhe herrscht, hilft mir das Schreiben sehr. Aber auch wenn ich vor Freude überströme und diese Fülle mit Gott teilen möchte, mache ich gerne einen Eintrag.

Für die konkrete Umsetzung gibt es Gebetsjournale mit vorformulierten Bereichen, die dir helfen, eine Struktur in deinen Eintrag zu bringen. Hierbei kann ich zum Beispiel ein sehr schlichtes Journal von Stennie Studio empfehlen. Wenn du keine äußere Struktur möchtest, kannst du auch ein ganz leeres Journal nutzen.

2. Mama,
IN GOTTES AUGEN

„HERR, du hast mein Herz geprüft und weißt alles über mich.“
Psalm 139,1

Liebe Mama, teilst du manchmal das Gefühl, für Gott einfach nicht gut genug zu sein und seine Gegenwart in deinem Leben absolut nicht zu verdienen? Manchmal verstecke ich mich vor Gott, weil ich es in meinen Augen nicht wert bin, dass er sich mit mir abgibt.

Es gab einen Punkt in meinem Leben, an dem ich einfach keine Hoffnung und Kraft mehr hatte. Nach meiner ersten gescheiterten Beziehung blieb plötzlich wenig über, was mich definierte. Ich mache mich hier bewusst sehr verletzlich, weil es mir ein großes Anliegen ist, über dieses Thema offen zu sprechen. Als christliches Mädchen bin auch ich mit dem Ideal aufgewachsen, mit dem Sex bis zur Ehe zu warten. Sexualität gesund zu leben, ist eine große Herausforderung, und meiner Meinung nach sprechen wir in unserer (christlichen) Gesellschaft nicht genug darüber.

In meiner ersten Beziehung gab es diesen Moment, an dem ich mich entscheiden musste. Mein Freund war ein großartiger, liebevoller Mensch. Und er war ein ganz normaler, sterblicher junger Mann, der große Sehnsucht nach körperlicher Nähe hatte. Er teilte dieses Ziel, bis zur Ehe zu warten, nicht. Dadurch spürte ich viel Druck und hatte insgeheim Angst, ihn zu verlieren. Damals war ich mir sicher, wirklich hundertprozentig sicher, dass ich ihn eines Tages heiraten würde.

Schlussendlich entschied ich mich gegen das Warten bis zur Ehe. Insgeheim fühlte ich mich wie eine Verräterin und Versagerin. Langsam, aber sicher entfernte ich mich von Gott, denn so wie Adam und Eva nach dem Sündenfall wollte auch ich mich verstecken. Nachdem ich in diesem großen Ideal gescheitert war, hatte ich das Gefühl, nichts mehr wert zu sein. Die Zeit verging und ich klammerte mich an diese Beziehung, die mir doch nie das geben konnte, wonach ich mich sehnte. In meinem Herzen wusste ich, dass ich im Leben mehr suchte als die Liebe eines Menschen, Anerkennung, Partys und möglichst viel Spaß. Es war nach außen hin ein gutes Leben. Innerlich war ich jedoch zerrissen und verletzt. Mehr und mehr versuchte ich, meine Gefühle abzuschalten, weil der Schmerz so unerträglich schien. Mein Herz fühlte sich taub, plump und wie ein schwerer Stein in meiner Brust an. Mein Hunger nach dem wahren Leben wurde immer größer. Ich entwickelte eine Essstörung, die mich letztlich noch tiefer in die Selbstverachtung führte. Irgendwann fehlte mir die Kraft, die Fassade aufrechtzuerhalten, und ich beendete die Beziehung.

Ich spürte eine so große Sehnsucht und Leere in meinem Herzen und wusste, dass sich etwas in meinem Leben ändern musste. Den Glauben habe ich von Kindheit an in meiner Familie kennengelernt und irgendwo tief in mir war diese Wahrheit eingeschrieben, dass Gott da ist. Er ist der Einzige, der den Scherbenhaufen, vor dem ich stand, in ein Leben in Fülle verwandeln kann. Jedoch war ich überzeugt, es sei zu spät für mich. Ich hatte meine Chance gehabt, mein Leben „gut" zu leben, und es vergeigt. Jesus würde für jemanden wie mich bestimmt kein Interesse haben. Zu viel hatte ich schon falsch gemacht. Ich war der Liebe Jesu nicht wert und dachte, davon getrennt zu sein, geschehe mir nur recht. Es war sozusagen meine angemessene Strafe. Ich war rastlos und in meiner Verzweiflung griff ich zur Heiligen Schrift. Folgende Worte aus Jesaja 43,18–19 offenbarte mir Gott in diesem Moment:

„Denkt nicht mehr daran, was war und grübelt nicht mehr über das Vergangene. Seht hin; ich mache etwas Neues; schon keimt es auf. Seht ihr es nicht? Ich bahne einen Weg durch die Wüste und lasse Flüsse in der Einöde entstehen."

Von da an richtete ich meinen Blick auf das Licht. Es dauerte eine Weile und brauchte viel Ermutigung vom Herrn, bis ich mich ganz zu ihm wagte in all meiner Schwäche und Kleinheit. Und so fand ich schließlich in Jesus meinen Neuanfang. Nach und nach durfte ich lernen, dass ich mich verändern und wachsen kann, weil ich geliebt bin. Diese Bibelstelle habe ich übrigens bisher schon mindestens zwanzigmal gezogen, aufgeschlagen oder zugesprochen bekommen. Für mich ist dies ein eindeutiges Zeichen: Gott möchte mir diese Worte ganz persönlich schenken!

Seither sind einige Jahre vergangen und ich durfte viel Schönes in mir entdecken, Schweres anerkennen und loslassen. Gewisse Themen beschäftigen mich immer wieder. Kaum glaube ich, etwas aufgearbeitet oder Frieden in einem bestimmten Bereich mit mir selbst geschlossen zu haben, da tut sich der nächste

Abgrund auf. Das mag etwas dramatisch formuliert sein, aber manchmal kommt es mir selbst so vor, als würde ich ewig auf der Stelle treten.

Seit ich Mama bin und mir täglich mein Innerstes auf dem Silbertablett gespiegelt wird, ist mir einmal mehr bewusst, wie viel Wachstumspotenzial noch in mir steckt.

Selbstannahme

Besonders für uns Frauen ist zum Beispiel Selbstannahme ein immer wiederkehrendes Thema. Diese grundlegende Angst, nicht gut genug zu sein, nagt in unserem tiefsten Innersten. Nichts und niemand auf der Welt wird dir diese Angst nehmen können als Jesus selbst. Die Reise der Jüngerschaft beinhaltet auch, dich durch die Augen des liebenden Gottes zu entdecken. Ich hatte geglaubt, mich erst verändern zu müssen, um (von Jesus) geliebt zu werden. Dies ist ein entscheidender Punkt, weshalb ich dich ermutigen möchte, dir diese Frage für dein Leben zu stellen:

Was würdest du an dir verändern, wenn du könntest?

Nimm dir dafür ruhig ein paar Minuten Zeit und notiere alles, was dir in den Sinn kommt. Diese Bereiche, Eigenschaften oder Körpermerkmale mögen veränderbar oder unveränderbar sein.

Bringe ganz besonders die unveränderlichen Punkte in deinem Leben, die auf deiner Liste stehen, vor Gott. Bitte ihn, dich mit diesen Punkten zu versöhnen und deinem Herzen Frieden zu schenken. Danke Gott dafür, wie er dich gemacht hat, denn du bist einzigartig, und er hat dich tatsächlich wunderbar geschaffen. Manche Wahrheiten müssen wir oft wiederholen, laut und leise aussprechen und niederschreiben. Welche Worte du im Selbstgespräch wählst, wird dein Herz prägen und deinen Glauben beeinflussen. Wenn ich mir immer wieder sage, dass mein Bauch nicht passt, werde ich das immer fester und entschlossener glauben. Daher möchte ich dich ermutigen: Kultiviere eine wertschätzende und liebevolle Sprache dir selbst gegenüber!

» *Weil ich geliebt bin,*
kann ich wachsen. «

Auch das Vergleichen mit anderen Menschen hindert mich an meiner Selbstannahme. Wir neigen dazu, uns ständig bewusst oder unbewusst mit anderen zu vergleichen. Dabei sehen wir aber immer nur einen Bruchteil des Gesamtbilds und können letztlich niemals die ganze Wahrheit erfassen. Aus diesem Grund habe ich mich zum Beispiel lange geweigert, einen Instagram-Account anzulegen. Schon beim ersten Blick war ich überfordert von zahlreichen Bildern, die von einem Leben sprachen, das nur aus Sonnenschein und Perfektion zu bestehen schien. Daraus resultieren dann Rückschlüsse, wie zum Beispiel: „Ich bin nicht gut genug!", „Ich bin nicht perfekt genug!", „Ich bin nicht dünn, erfolgreich, klug, selbstsicher, geborgen, geliebt oder außergewöhnlich genug!" Kommt dir das bekannt vor?

Ich möchte noch von einer weiteren Sackgasse schreiben, in die uns das Vergleichen führt. Es ist das Abwerten anderer. Ich erhöhe meinen Selbstwert scheinbar dadurch, dass ich mich vergleiche mit Menschen, die „weniger" zu sein scheinen als ich. Fühle ich mich zu dick, muss ich nur jemanden finden, der mehr auf den Hüften hat, um mich besser zu fühlen. Lasse ich mich vom Erfolg anderer stressen, suche ich mir jemanden, der weniger schafft als ich, um aufzuatmen. Eine Strategie, die kurzzeitige Erleichterung verspricht, mich aber von mir selbst, meinen Mitmenschen und Gott entfernt.

Auch Wehmut kann eine gefährliche Form des Vergleichens sein. Wie oft messen wir unser Leben an einer stark gefärbten nostalgischen Erinnerung, die so vielleicht gar nie wirklich existiert hat? Wie oft wünschen wir uns zurück in eine „leichtere" Zeit? Es heißt, früher sei alles besser gewesen. Aber war es das wirklich?

Bei diesem Thema durfte ich schon viel wachsen. Mittlerweile kann ich mich besser abgrenzen und reflektieren. Ich nutze seit Kurzem auch Instagram, wobei ich sehr konsequent überprüfe, was verschiedene Kanäle in mir bewirken. Es kommt immer wieder mal vor, dass mich ein Kanal stresst oder dieses Vergleichen in mir auslöst. Der wird dann einfach nicht mehr abonniert. Endloses Scrollen ist ebenfalls nicht hilfreich, weshalb ich einen App-Timer nutze. Trotzdem dient es mir wirklich als Inspiration, wobei ich besonders Zitate und kurze Impulse schätze. Mit wenig Zeitaufwand kann ich mir neue Gedankenanstöße holen und meinen Horizont erweitern. Und doch ist es etwas, das ich mit Vorsicht genieße. Wenn ich etwas teile, sind es meist meine Gedanken, Bücher, Zitate oder Bibelverse, die mich bewegt haben.

Den häufigsten Anstoß für einen Vergleich von uns Frauen liefert unser Körper. Schönheit ist unsere Berufung und genau dort sind wir so angreifbar und verletzlich. Weil es für mich als relativ frische Dreifachmama ein wichtiges Thema ist und es dir vielleicht auch so geht, möchte ich dich zu einer Übung ermutigen:

Stelle dich nackt vor einen Spiegel und betrachte dich. Lass alle Gedanken und Gefühle zu, die in dir aufkommen. Lass es ruhig werden in dir und schau noch einmal hin. Diesmal mit dem liebenden Blick Gottes, der dich erschaffen hat.

Und sei auch voll Dankbarkeit für all das, was dein Körper schon geleistet hat und was du ihm zu verdanken hast. Sag deinem Körper „Danke!" dafür, dass er dich durch den Tag trägt und dich schon viele Jahre durchs Leben getragen hat. Danke ihm dafür, dass er deine Kinder getragen und geboren hat, und dafür, dass dein Herz schlägt.

Notiere dir, was Gott dir während dieser Übung zusprechen möchte:

____

____

____

____

____

Zur Inspiration und Ermutigung möchte ich den „Liebesbrief des Vaters" (im englischsprachigen Original: „Father's Love Letter") mit dir teilen. Ich lade dich ein, dir einen Notizzettel zu nehmen und ein Wort, das dich besonders berührt, aufzuschreiben und an einem Ort zu platzieren, an dem du es oft siehst! Du kannst auch drei Verse auswendig lernen, die dich in deinem Alltag ermutigen und begleiten dürfen!

„Mein Kind,
Ich kenne dich ganz genau, selbst wenn du mich vielleicht noch nicht kennst. Psalm 139,1 *Ich kenne alle deine Wege.* Psalm 139,3 *Ich habe alle Haare auf deinem Kopf gezählt.* Matthäus 10,29–31 *Ich habe dich nach meinem Bild geschaffen.* 1. Mose 1,27 *Durch mich lebst und existierst du.* Apostelgeschichte 17,28 *Du bist mein Kind.* Apostelgeschichte 17,28 *Ich kannte dich schon, bevor du geboren wurdest.* Jeremia 1,4–5 *Ich habe dich berufen, als ich die Schöpfung geplant habe.* Epheser 1,11–12 *Du warst kein Unfall. Ich habe jeden einzelnen Tag deines Lebens in mein Buch geschrieben.* Psalm 139,15–16 *Ich habe den Zeitpunkt und den Ort deiner Geburt bestimmt und mir überlegt, wo du leben würdest.* Apostelgeschichte 17,26 *Ich habe dich auf erstaunliche und wunderbare Weise geschaffen.* Psalm 139,14 *Ich habe dich im Leib deiner Mutter kunstvoll gestaltet.* Psalm 139,13 *Ich wünsche mir nichts sehnlicher, als dir meine Liebe verschwenderisch zu schenken.* 1. Johannes 3,1

Ich bin der vollkommene Vater. Matthäus 5,48 *Alle guten Dinge, die du empfängst, kommen von mir.* Jakobus 1,17 *Ich stille alle deine Bedürfnisse und sorge für dich.* Matthäus 6,31–33 *Ich habe Pläne für dich, die voller Zukunft und Hoffnung sind.* Jeremia 29,11 *Ich liebe dich mit einer Liebe, die nie aufhören wird.* Jeremia 31,3 *Meine guten Gedanken über dich sind so zahlreich wie der Sand am Meeresstrand.* Psalm 139,17–18 *Ich freue mich so sehr über dich, dass ich nur jubeln kann.* Zephania 3,17 *Ich werde nie aufhören, dir Gutes zu tun.* Jeremia 32,40 *Du bist für mich ein kostbarer Schatz.* 2. Mose 19,5

Ich wünsche mir zutiefst, dich fest zu gründen und deinem Leben Halt zu geben. Jeremia 32,41 *Ich will dir große und unfassbare Dinge zeigen.* Jeremia 33,3 *Wenn du mich von ganzem Herzen suchen wirst, werde ich mich von dir finden lassen.* 5. Mose 4,29 *Habe deine Freude an mir – ich will dir das geben, wonach du dich sehnst.* Psalm 37,4 *Ich selbst habe diese Wünsche und Sehnsüchte in dich hineingelegt.* Philipper 2,13 *Ich kann viel mehr für dich tun, als du es dir denken kannst.* Epheser 3,20 *Ich bin derjenige, der dich am meisten ermutigt.* 2. Thessalonicher 2,16–17 *Wenn dein Herz zerbrochen ist, bin ich dir nahe.* Psalm 34,18 *Wie ein Hirte ein Lamm trägt, so trage ich dich an meinem Herzen.* Jesaja 40,11 *Eines Tages werde ich jede Träne von deinen Augen abwischen.* Offenbarung 21,3–4 *Und ich werde alle Schmerzen deines Lebens wegnehmen.* Offenbarung 21,3–4 *Ich bin dein Vater und ich liebe dich genauso, wie ich meinen Sohn Jesus liebe.* Johannes 17,23 *Jesus spiegelt mein Wesen in vollkommener Weise wider.* Hebräer 1,3 *Er kam auf diese Welt, um zu zeigen, dass ich nicht gegen dich bin, sondern für dich.* Römer 8,32 *Er kam, um dir zu sagen, dass ich deine Sünden nicht länger anrechne.* 2. Korinther 5,18–19 *Jesus starb, damit du und ich wieder versöhnt werden können.* 2. Korinther 5,18–19 *Sein Tod war der extremste Ausdruck meiner Liebe zu dir.* 1. Johannes 4,10 *Ich habe alles für dich aufgegeben, weil ich deine Liebe gewinnen will.* Römer 8,31–32 *Wenn du das Geschenk, das Jesus dir macht, annimmst, empfängst du meine Liebe.* 1. Johannes 2,23 *Nichts kann dich jemals von meiner Liebe trennen.* Römer 8,38–39 *Komm nach Hause, damit wir die beste Party feiern können, die der Himmel je gesehen hat.* Lukas 15,7 *Ich war schon immer dein Vater und werde immer ein Vater für dich sein.* Epheser 3,14–15 *Ich frage dich nun: Willst du mein Kind sein?* Johannes 1,12–13 *Ich warte auf dich.* Lukas 15,11–32

Alles Liebe, dein Papa, der Allmächtige Gott“

Danke, Vater, für diese drei Verse:

Du bist unendlich wertvoll und geliebt in Gottes Augen – vor jeder Leistung und trotz aller Schuld. Das dürfen wir in Gottes Wort an zahlreichen Stellen lesen! Er wünscht sich, dass du dich selbst immer mehr mit seinen Augen sehen kannst und deinen Wert erkennst. Wenn ich einen 100-Euro-Schein mit Füßen trete, zusammenknülle und mit dem Auto überfahre, dann ist er immer noch 100 Euro wert. Dein Wert in Gottes Augen ändert sich nicht, egal wie du dich selbst behandelst oder wahrnimmst. Auch die Beurteilung und das Handeln anderer dir gegenüber können deinen Wert nicht mindern.

In meinem Mama-Alltag muss ich mich manchmal sehr überwinden, mir und meinem Körper etwas Gutes zu tun. Das schnelle Glück liegt für mich, wie schon erwähnt, im Schokoriegel begraben. Auf lange Zeit manifestiert sich dieses Glück aber leider ausschließlich auf meinen Hüften und in Form von unreiner Haut. Das bedeutet, als Routine des „Mir-etwas-Gutes-Tuns" taugt der Schokoriegel leider nicht. Um eine Gewohnheit zu erlernen, die *wirklich* gut für mich ist und sich ein bisschen nach Mama-Wellness anfühlt, habe ich den „My Vision Planner" verwendet. Dafür ist Punkt Fünf meiner täglichen Routinen reserviert.

Seit etwa einem halben Jahr steht dort „Gesichtspflege", was tägliches Waschen mit einem Reinigungsgel und Eincremen beinhaltet. Zugegebenermaßen ist es mir fast ein bisschen peinlich, das hier zu teilen, denn es klingt nicht nach viel. Es steht auch immer noch dort, weil ich gemerkt habe, dass ich es noch nicht automatisch regelmäßig schaffe, wenn mich mein Kalender nicht daran erinnert (und mit einem Häkchen belohnt). Doch es dauert, wenn ich es gründlich mache, fünf Minuten. Das kann ganz schön lange sein, wenn ich schon seit 4 Uhr morgens wach bin und abends nur noch ins Bett fallen möchte. Jedenfalls kostet es mich etwas und doch steckt eine tiefere Wahrheit hinter meiner Bemühung. Ich tue etwas für mich, als Frau, das nicht essenziell ist und worauf ich verzichten könnte. Dadurch bestätige ich, dass ich wertvoll bin. In Markus 12,31 lesen wir:

„Liebe deinen Nächsten wie dich selbst."

Die Frucht dieser kleinen Gewohnheit besteht darin, dass ich mich in meinem Körper wohler fühle. Ich bin ausgeglichener und es fällt mir leichter, mich selbst anzunehmen. Und wenn ich lerne, gnädig mit mir selbst umzugehen, kann ich auch mit dem Rest der Welt sanfter umgehen.

Selbstannahme geht weit über körperliche Eigenschaften hinaus. Gerade als Mama habe ich manchmal das Gefühl, ich mache meinen Job ganz gut. Eine Sekunde später fühle ich mich aber wie die schlechteste Mama auf der ganzen Welt. Diese Spannung zu ertragen, ist nicht immer einfach, und es kann leicht passieren, dass ich im zweiten Gefühl stecken bleibe. Keine Mama ist perfekt. Und das ist auch gut so.

Du darfst dir eingestehen, dass du (wie übrigens jeder Mensch) Probleme und Fehler hast. Dich selbst zu verurteilen, lässt sie jedoch viel größer werden, als sie tatsächlich sind. Vielmehr bist du eingeladen, die Ermutigung und Anerkennung Gottes sowie deiner Mitmenschen anzunehmen. Gehörst du zu jenen Menschen, bei denen man das Gefühl hat, ein Kompliment mit dem Vorschlaghammer einklopfen zu müssen? Lerne lieber Danke zu sagen und dich zu freuen! Damit tust du nicht nur dir etwas Gutes, sondern auch der Person, die dich ermutigt oder dir ein Kompliment macht. Es kann so frustrierend sein, ein ehrlich gemeintes Kompliment an den Kopf zurückgeworfen zu bekommen.

In meiner Rolle als Mama begegnet mir eine ganz neue Unsicherheit in meinem Inneren. Noch nie war ich in meinem Leben so entscheidend, so unglaublich wichtig für das Leben eines anderen. Es ruht eine große Verantwortung auf meinen Schultern. Die große Liebe zu meinen Kindern drängt mich, stets mein Bestes zu geben und es gut zu machen. Umso größer ist manchmal die Angst, es zu vermasseln.

Jede Mama, der ich begegne, macht irgendetwas anders als ich. Wie schon erwähnt, neigen wir dazu, uns zu vergleichen. Das gilt auch für das Mama-Sein. Wer es wohl am besten macht? Soll ich, muss ich auch ...? Nein, so würde ich das aber nicht machen! Von Entrüstung bis zum blassen Neid kommt wohl alles vor. Statt uns zu unterstützen, kommt es manchmal sogar zum sogenannten „Mom-Bashing". Schwer zu glauben, aber es ist wahr. Es gibt sogar ein eigenes Modewort für dieses Verhalten unter uns Mamas.

Da ich Anflüge dieses Verhaltens durchaus auch bei mir selbst beobachte und das aber nicht möchte, habe ich mich auf die Suche nach einem anderen Weg gemacht. Sehr hilfreich war für mich folgende Erkenntnis: Die ganz normale Durchschnittsmama möchte vor allem ein Ziel erreichen: Sie möchte das Beste für ihr Kind. Letztlich geben wir alle unser Bestes und das sieht so unterschiedlich aus, wie wir sind. Total genial, wenn wir eine Mama-Kultur leben, in der es uns gelingt, voneinander zu lernen, uns zu unterstützen und zu ermutigen. Meine zweite große Hilfe im Alltag ist, zu versuchen, mit Gottes Augen zu sehen, auch mich selbst. Den liebenden Blick des Vaters nachzuahmen, ist kein einfaches Unterfangen, aber allein die Bemühung ändert schon einiges.

Komm ans Licht

Es gibt viele Holzwege, die in die Finsternis führen. Um uns nicht zu verlaufen, ist es wichtig, Gottes Licht auf den Weg scheinen zu lassen und mit ihm zu prüfen, wo wir gerade stehen. Einer dieser Irrwege, die wir im Alltag des Öfteren beschreiten, ist das genüssliche Baden in ***Selbstmitleid***. Es kommt uns dann so vor, als würde ohnehin niemand unser Dilemma verstehen. Bestimmt ist es für keine andere Mama der ganzen weiten Welt so schlimm wie in diesem Augenblick für mich selbst. Bitte unterscheide hier, dass es sehr wohl wichtig und in Ordnung ist, dein Herz auszuschütten. Aber der nächste Schritt ist entscheidend. Bleibst du in deiner Opferrolle stecken und jammerst, oder lässt du dich von Gott (eventuell auch durch deine Mitmenschen) aufrichten? Versuchst du, eine Perspektive der Dankbarkeit einzunehmen und den Blick auf das Gute zu richten?

Was uns ebenfalls von Gott trennen kann, ist ***Entmutigung***. Sie entsteht vor allem dort, wo wir mit aller Kraft auf etwas hoffen, was dann nicht eintritt. Wenn ich wieder und wieder für etwas bete und nichts passiert, ist die Versuchung groß, einfach nicht mehr zu beten. Dabei möchte uns Gott durch solche Situationen manchmal aufzeigen, worauf wir unsere Hoffnung setzen. Wenn meine ganze Hoffnung in der Länge des Mittagsschlafs meiner Kinder liegt, werde ich bald verzweifeln. In meinem Mama-Alltag erlebe ich Entmutigung auch häufig in Form von absoluter Hilflosigkeit. Es gibt so vieles im Leben unserer Kinder, was wir nicht kontrollieren können. Ich gebe mein Bestes und trotzdem gibt es Beulen, Zahnschmerzen, Bauchweh und scheinbar grundloses (weil ich keine Ahnung habe, was eigentlich los ist) Schreien und Weinen. Dieses Gefühl, machtlos zu sein und nichts tun zu können, was eine Veränderung herbeiruft, ist schwer auszuhalten. Selbst das wiederholte Aufräumen, das ewige Erklären von Regeln und die nie enden wollenden Haushaltsaufgaben können durchaus entmutigend sein. Manchmal muss ich mich total überwinden, nicht die Flinte ins Korn zu werfen.

Dann helfen mir kleine Erinnerungen in unserem Haus, die von Gott erzählen. Eine Bibelstelle da, ein schönes Bild dort. Auch der Austausch mit anderen Mamas, denen es manchmal genauso geht, hilft. Hier können wir Dampf ablassen, durchatmen und wieder weitergehen. Besonders wertvoll kann es sein, wenn wir ganz alltägliche Situationen als Liebesgaben betrachten und behandeln: Du schenkst sie Jesus zum Beispiel als Gebet für eine gute Freundin, die krank ist, während du das Haus aufräumst: „Jesus, ich habe jetzt keine Lust aufzuräumen, aber ich mache es für meine Freundin – mit großer Liebe." Auf diese Weise kann dein Aufräumen zu einem wunderschönen Gebet für jemand anderen werden und dich auch ins Herzensgebet führen.

Liebe zu schenken, macht mir immer Mut, ganz gleich, wie hilflos und mutlos ich bin. Die Liebe bleibt. Hoffe auf den Herrn und sei stark!

Auch durch ***Isolation*** trennen wir uns von Gott und unseren Mitmenschen. Dies ist mit kleinen Kindern ohnehin keine Seltenheit und dann wurde dies in den letzten Monaten und Jahren auch noch durch die Corona-Pandemie verstärkt. Wir Menschen sind als Beziehungswesen angewiesen auf Nähe und das Gefühl der Verbundenheit. Dafür braucht es mehr als einen WhatsApp-Anruf. In diesem Punkt empfinde ich das Smartphone und vor allem diverse Social-Media-Kanäle als eine große Herausforderung. Allzu leicht lasse ich mich im Alltag dazu hinreißen, mit meinem Smartphone in die Welt abzutauchen, während meine Kinder das Wohnzimmer zerlegen. Nur ein bisschen Abstand vom Alltag. Eine kleine Flucht. Wissen, was sich in der Welt so tut. Ein schnelles Rezept suchen. In Kontakt bleiben mit den Freundinnen. So viele gute und weniger gute Gründe, „nur mal kurz" auf das Handy zu schauen. Vielleicht geht es dir wie mir und auch für dich vergeht die Zeit am Handy wie im Flug.

Social Media ist bewusst darauf angelegt, das Suchtverhalten zu fördern. Das Gehirn braucht immer mehr und schnellere Reize und das Belohnungssystem von Likes und Kommentaren zieht uns schnell in seinen Bann. Es ist ein wundervolles Werkzeug für viele tolle Botschaften. Aber ich möchte dich ermutigen, dies mit Vorsicht zu genießen. Hinterfrage für dich persönlich, ob und wie sich dein Handygebrauch auf dich und deine Familie auswirkt!

Manchmal greife ich gedankenverloren zum Handy, ohne dass es mir richtig bewusst ist. Schon ein paar Mal hat mein Sohn dann gleich lauthals „Na!" geschrien und ich habe es wieder weggelegt. Er möchte meine volle Aufmerksamkeit und fordert diese auch aktiv ein. Er spürt sofort, wenn ich nicht wirklich präsent bin, und hat für sich diese Strategie entwickelt, um mich ganz in den Moment zu holen. Mittlerweile versuche ich, es immer an demselben Ort abzulegen und nicht zum Spielen oder Spazierengehen mit den Kindern mitzunehmen. Es ist ein Prozess, aber es lohnt sich, an einem gesunden Umgang mit Smartphone und Social Media zu arbeiten.

Tritt auch du einen Schritt zurück und reflektiere, wie das bei euch zu Hause aussieht: Isolierst du dich vom realen Leben? Teilst du dein Innerstes lieber online als mit einer Person von Angesicht zu Angesicht? Wo suchst du Rat und Austausch? Vielleicht ist jetzt die Zeit, einen App-Timer oder eine festgelegte handyfreie Tageszeit einzuführen!

Als besonders zerstörerisch habe ich ***Selbstbestrafung*** erlebt. Sie verhindert das Annehmen der Liebe Gottes in unserem Leben. Der Satz „Liebe deinen Nächsten wie dich selbst" (vgl. Matthäus 22,39) hat mir immer wieder das Herz zerrissen. In meinen Augen war ich es nicht wert, geliebt zu werden, und daran, mich selbst zu lieben, war nicht zu denken. Für die Unzulänglichkeiten oder Fehler anderer war es leicht, eine Erklärung und Vergebung zu finden, aber mit mir selbst ging ich oft am strengsten ins Gericht.

Doch wer bin ich, zu richten? Das gilt nicht nur in Bezug auf das Richten von Mitmenschen – auch in Bezug auf mich selbst habe ich lernen dürfen, dass nur Gott und Gott allein es ist, der mich richten kann und darf.

Wie gehst du mit dir selbst um? Wie sprichst du innerlich oder sogar laut zu dir selbst? Mit welchen Geschichten in deinem

Leben musst du dich versöhnen, um gut über dich selbst denken zu können?

Versuche dir innerlich selbst die Hand zur Versöhnung zu reichen! Die Kunst, mit sich selbst befreundet zu sein, ist ein wertvolles und hohes Gut. Gott möchte dich überreich beschenken. Nimm heute ganz neu seine Gnade an!

Ein weiterer Irrweg ist die ***Selbst(ent)täuschung***. Sie entsteht aus Selbstüberschätzung oder einer To-do-Liste, die mich schlicht und einfach überfordert. Ich möchte eine gute Mama und Ehefrau sein, und auch für mich als Frau und meine Rolle als Tochter, Schwester und Freundin brauche ich Zeit. Nebenbei pflege ich den Garten, versuche ab und an etwas Nettes für die Kinder zu nähen, schreibe und möchte nun auch noch wieder mit dem Laufen beginnen. Ehrenamtliches Engagement in der Kirche ist mir auch wichtig. Das kann auch alles in meinem Alltag Platz finden, nur jeden Tag alles hineinzupacken, gelingt mir nicht. Das führt zu einer Überforderung, die mich aus der Bahn wirft. Da ich Effektivität sehr schätze, fällt es mir schwer, nicht alles zu tun, was sich irgendwie in meinen Tag zwängen lassen würde. Manchmal nehmen wir uns Dinge vor, die wir nicht erreichen können, oder wir geben Versprechen, die wir nicht halten können.

Auch Petrus nahm sich viel vor, wie wir in der Schrift in Markus 14,29 lesen:

„Da sagte Petrus zu ihm: ‚Auch wenn alle anderen sich von dir abwenden, ich werde es nicht tun.'"

Petrus, der Fels, der beteuert: „Niemals!" Und kurz darauf verleugnete er den Herrn. Sofort fällt ihm das Gespräch mit Jesus ein, der ihm genau diese Situation prophezeit hatte. Ich weiß zwar nicht, wie es ist, wenn einen der Blitz trifft, aber ich denke, in etwa so muss Petrus sich gefühlt haben, als ihn die Erkenntnis dessen traf, was gerade passiert war. Er steht also da, in meiner Vorstellung, wie vom Blitz getroffen, und fängt an zu weinen. Er, der gerade noch inbrünstig geschworen hat, Jesus immer treu zu sein. Der starke Mann, der trotz Jesu Prophezeiung beteuerte, eher zu sterben, als Jesus zu verleugnen. Kephas, der Fels. Derjenige also, auf den Jesus die ganze Kirche aufbaut. Dem er zuspricht, das Fundament zu sein für das, was kommt. Dieser Petrus weinte inmitten von all den Leuten. Wenn die eigene Annahme eine Täuschung war, kann uns die folgende Enttäuschung wie eine Woge überrollen. Der Fokus liegt dann nur noch auf unserem Versagen.

Setzt auch du dir Ziele, die du unmöglich erreichen kannst? Geht es dir manchmal so, dass du etwas krampfhaft vermeiden willst und genau das dann zum Verhängnis wird? Wie gehst du mit deinen Erwartungen um? Bleibt am Ende des Tages viel von deiner To-do-Liste übrig? Bist du oft frustriert und hast das Gefühl, nichts und niemandem gerecht zu werden? Versuche realistische Ziele zu formulieren und beginne, mit kleinen Schritten darauf zuzugehen!

Manchmal verrenne ich mich auch in meiner ***Wut***. Ich bin ein recht impulsiver Mensch, und wenn mich etwas sehr ärgert, explodiere ich, oder ich brauche viel Kraft und Selbstbeherrschung, um ruhig zu bleiben. Vor allem dann, wenn ich es persönlich nehme. Die Entwicklung von Kindern beinhaltet große Herausforderungen. Auf dem Weg zur Ausbildung ihrer Persönlichkeit und Identität braucht es auch die Abgrenzung zur Mama. Das Entdecken der Selbstständigkeit, das Lernen und der riesige Frust, wenn etwas nicht nach dem eigenen Plan funktioniert, können so einen kleinen Menschen ordentlich aus der Bahn werfen. Das daraus resultierende Verhalten erfordert Stabilität, Liebe und klare Grenzen von uns Mamas. Das gelingt mal mehr, mal weniger gut. Bei mir hängt es vor allem von meinem aktuellen Müdigkeitsstatus, der Uhrzeit und der Anzahl solcher Situationen im Tagesverlauf ab, ob „Momzilla" zum Vorschein kommt. Habe ich meiner Wut einmal nachgegeben und geschrien oder mit der Hand auf den Tisch gehauen, ist es um einiges schwerer, wieder zur Ruhe zu kommen. Oder auch in der nächsten Herausforderung, die oft nur Sekunden auf sich warten lässt, nicht gleich wieder in die Luft zu gehen.

Über dieses Thema reden wir nicht gerne. Es ist peinlich, schmerzhaft und unangenehm, einem so süßen kleinen Wesen mit Wut zu begegnen. Und doch kenne ich viele Mamas, die mit dieser Wut in ihrem Alltag kämpfen. Sie ist auch gut nachvollziehbar. Von einem Erwachsenen würden wir uns auch kein Beißen, absichtlich ausgeleerte Becher oder Farbstiftmalereien auf den frisch gestrichenen Wänden gefallen lassen.

Für mich war es unglaublich hilfreich, mich näher mit der kindlichen Entwicklung zu beschäftigen. Dank einigen großartigen Forschern, die sich diesem Thema gewidmet haben, wissen wir heute viel mehr darüber, wie sich das Gehirn entwickelt. Es lässt sich aufgrund dieser Erkenntnisse zum Beispiel bestimmen, dass ein Kind erst mit ungefähr vier Jahren zur Empathie fähig ist. Das heißt, dem Kind ist es vorher gar nicht möglich, sich in andere hineinzuversetzen. Es kann nicht verstehen, warum dich sein Handeln wütend macht. Ein Kind handelt immer für sich, nie gegen dich. Diesen Satz durfte ich verinnerlichen und mir oft selbst vorsagen!

Mein Gehirn jedoch ist weit genug gereift, um die Situation aus der Perspektive meines Kindes wahrzunehmen – eine Strategie, die für mich wirklich hilfreich ist. Denn aus der Sicht meines Sohnes kann es total logisch sein, etwas anzustellen, um meine Aufmerksamkeit zu gewinnen. Ohne böse Absicht, sondern um das Bedürfnis nach Aufmerksamkeit zu stillen.

Wenn du also auch diese Wut kennst und nicht weißt, wie du besser damit umgehen kannst, dann ermutige ich dich, hier dein Wissen zu vertiefen. Je besser du dein Kind verstehst, umso besser kannst du seine Bedürfnisse wahrnehmen und erfüllen. Mit großer Wahrscheinlichkeit lässt sich dadurch der eine oder andere Streit sogar vermeiden.

Außerdem hilft es mir, mitten im Sturm zu Jesus zu rufen. Ich werfe alles vor ihn hin und stelle mir vor, wie er mich einfach festhält und umarmt. Bring deine Wut vor ihn, verstecke sie nicht! Setze verschiedene Strategien ein, die dich davon abhalten, im ersten Moment schnell emotional zu reagieren. Atme tief durch, zähle bis zehn, trinke ein Glas Wasser oder stampfe auf den Boden. Wenn du in der Gefahr stehst, laut zu werden, kann es ein erster Schritt sein, deine Wut gebündelt als einen Schrei (eventuell in ein Polster) herauszulassen, anstatt deine Kinder anzuschreien.

Bete dann laut und nimm so deine Kinder mit zu Jesus. Bitte um Verzeihung. Lerne gemeinsam mit deinem Kind, mit Wut umzugehen. Dafür gibt es auch tolle Werkzeuge aus der gewaltfreien Kommunikation. Wir haben zum Beispiel gemeinsam eine Gefühlsuhr gebastelt, die uns hilft, im Alltag Gefühle zu erkennen und zu benennen. Sei kreativ, aber vor allem sei proaktiv! Überlege, was du aktiv tun kannst, um mit diesen Situationen besser umzugehen, und halte dich fest an der Hand Jesu, wenn es stürmisch ist in dir!

Eine Trennung von Gott und deinen Nächsten kann auch von ***Angst*** verursacht werden. Meine größte Angst war es immer, aus Angst heraus etwas nicht zu tun und es später zu bereuen. Jedenfalls war das so, bevor ich Mama wurde. Heute kenne ich eine ganz neue Angst, die mir die Luft abschnürt und das Herz schwer macht: Von der Couch fallende Kinder und ein ungewöhnlich langer Mittagsschlaf (ja, auch das kommt vor) versetzen mich leicht in diverse „Was, wenn …?“-Szenarien. Durch diese Angst können wir Mamas gefährdet sein, unsere Kinder in Watte zu packen. Und doch liebe ich es, wenn unsere Kinder ihre ersten Erfahrungen machen und die Welt entdecken. Und dazu gehören nun mal auch Beulen und Schreckmomente.

Später, wenn sie immer selbstständiger, größer und abgenabelter werden, muss ich sie dann noch mehr loslassen. Ich darf sie vor allem vertrauensvoll in die liebende Hand des himmlischen Vaters legen. Es gibt dieses Sprichwort: „Kleine Kinder, kleine Sorgen – große Kinder, große Sorgen." Gerade deswegen ist es wichtig, dieses Abgeben von Sorgen und Problemen an den Herrn schon von Anfang an einzuüben – voller Vertrauen und Zuversicht, dass er sich um jedes seiner Kinder kümmert.

Angst kann fesseln, doch Jesus kann diese Fesseln sprengen. Oft drücke ich mich auch aus Angst zu versagen vor neuen Herausforderungen. Doch Jesus bestärkt uns mit seiner Zusage, dass auch Fehler keinen Weltuntergang bedeuten.

Seit Jahren begleitet mich die Stelle vom Sturm auf dem See (vgl. Matthäus 8,23–27). Sie schenkt mir Trost, Zuversicht und Mut in allen Lebenslagen. Die Jünger sind mit Jesus auf dem See von Galiläa und es kommt ein wilder Sturm auf. Sie rechnen schon mit dem Schlimmsten, da das Wasser schon in das Boot schwappt. Vor Angst sind sie fast wie gelähmt. Und was macht Jesus? Er schläft! Sie müssen ihn erst aufwecken und rufen verzweifelt nach ihm. Wie oft erscheint es uns in unserem Leben so, mitten in einem Wirbelsturm gelandet zu sein? Wie oft haben wir den Eindruck, das Wasser käme bereits in das Boot und Gott würde sich nicht darum kümmern oder schlafen? Jesus aber zögert nicht, wenn du ihn um Hilfe bittest, wie wir in Matthäus 8,26 lesen:

„Doch Jesus antwortete: ‚Warum habt ihr Angst? Ist euer Glaube denn so klein?' Und er stand auf und drohte dem Wind und den Wellen, und augenblicklich war alles wieder ruhig."

Diese Stelle zeigt: Wenn Jesus mit im Boot sitzt, geht das Boot nicht unter, sonst würde er ja mit untergehen, und das passiert ganz gewiss nicht. Wie viel Ermutigung, wie viel Hoffnung ist darin enthalten?

Lass Jesus mit in dein Boot und du kommst sicher ans Ufer! Du wirst nicht untergehen. Selbst dann nicht, wenn du stirbst. Gibt es in deinem Leben Bereiche, wo die Angst dich lähmt? Wo du dich versteckst? „Fürchte dich nicht!“, das spricht uns der Herr in der Schrift unzählige Male zu. Bist du versunken in Selbstmitleid, Entmutigung, Isolation, Selbstbestrafung, Selbst(ent)täuschung, Wut oder Angst? Prüfe diese Punkte und bringe alles vor Gott!

Notiere, welche Bereiche deines Lebens du an Gott abgeben willst:

An dieser Stelle möchte ich dich auch ermutigen: Bekenne deine Schwächen und Selbstzweifel vor anderen Mamas, wenn du verheiratet bist, deinem Ehemann, einer engen Freundin oder auch in der Beichte. Bring ans Licht, was dich bedrückt! Du wirst sehen, Gott trägt dich. Er verwendet dafür vor allem auch deine Beziehungen mit anderen Menschen! Es kann so heilsam sein, wenn ich merke, dass es einer anderen Mama genauso geht wie mir. Besonders schön ist es, wenn du mit einer anderen Person (zum Beispiel deinem Ehemann oder einer anderen Mama) gemeinsam beten kannst. Es kann auch Gottes Wille sein, dass du dich überwinden musst, um Hilfe oder um Gebet zu bitten. Daraus lernen wir, dass Wahrheit wichtiger ist als Stolz, und dürfen letztlich wachsen.

Vieles verändert sich aber nicht sofort durch ein einmaliges Gebet. Werde nicht müde, den Herrn anzurufen, und denke an seine Zusage in Matthäus 7,7:

„Bittet, und ihr werdet erhalten. Sucht, und ihr werdet finden. Klopft an, und die Tür wird euch geöffnet werden."

Richte deinen Blick stets auf Gott, der dein liebender Vater ist, und nicht auf deine Probleme oder widrigen Umstände. Lobpreise Gott, danke ihm und diene deinen Mitmenschen, zuallererst deiner Familie, denn er möchte dich gebrauchen. Genau so, wie du jetzt im Augenblick bist, und nicht erst, wenn du vollkommen bist.

Liebe Mama, setze all deine Hoffnung auf Jesus, denn in ihm kann ich bezeugen:

„Denn alles ist mir möglich durch Christus, der mir die Kraft gibt, die ich brauche."
(Philipper 4,13)

Gott möchte dich gebrauchen

Gott gebraucht Menschen mit Problemen, und zwar aus einem ganz einfachen Grund: Es gibt keine anderen! Er möchte nicht warten, bis du glaubst, perfekt genug zu sein, um ihm zu dienen. Genau jetzt, genau da, wo du gerade stehst, möchte Gott durch dich wirken. Auch wenn es uns selbst manchmal unmöglich erscheint, er kann es tun.

» *Gott möchte dich gebrauchen!*
So, wie du bist. «

Die zwölf Apostel hatte Jesus nach einer Nacht im intensiven Gebet ausgesucht. Wir können annehmen, dass sie die „Elite" der Jünger waren, im Sinne seiner engsten Vertrauten. Von ihnen lesen wir in der Schrift, als es ernst wurde, in Matthäus 26,56b:

„Da verließen ihn alle Jünger und flohen."

Grandios. Selbst nach der Ausgießung des Heiligen Geistes finden wir die Jünger auf Irrwegen. In Galater 2,11–13 offenbart sich erneut die Menschlichkeit und Schwäche der Jünger:

„Doch als Petrus nach Antiochia kam, musste ich [Paulus] ihm offen entgegentreten und ihn ernsthaft zur Rede stellen, denn was er tat, war falsch. Nach seiner Ankunft hatte er zunächst noch mit den Gläubigen, die unbeschnitten waren, zusammen gegessen. Als jedoch einige jüdische Freunde von Jakobus eintrafen, hatte er nicht mehr den Mut dazu, weil er die Missbilligung der jüdischen Gläubigen scheute. Daraufhin verhielten sich die anderen Juden genauso heuchlerisch, und sogar Barnabas ließ sich von ihnen beeinflussen."

Niemand, der Gott dient, ist also unfehlbar! In seinem Heilsplan macht sich dieser große Gott abhängig von uns kleinen Menschen. Er liebt es, wenn wir ihm in unseren Mitmenschen begegnen und umgekehrt.

Um ihm dienen zu können, schenkt er uns die Gaben des Heiligen Geistes, auch Charismen genannt. Im Katechismus, in Paragraph 799, sind diese folgendermaßen beschrieben:

„Die Charismen, ob außergewöhnlich oder schlicht und bescheiden, sind Gnadengaben des Heiligen Geistes, die direkt oder indirekt der Kirche dienen: Sie sind zum Aufbau der Kirche, zum Wohl der Menschen und für die Nöte der Welt geschenkt."

Er rüstet dich also für die Nachfolge Jesu zu und verspricht in Johannes 14,26:

„Doch wenn der Vater den Ratgeber als meinen Stellvertreter schickt – und damit meine ich den Heiligen Geist –, wird er euch alles lehren und euch an alles erinnern, was ich euch gesagt habe."

Wenn wir Gott dienen, sind wir also nie auf uns allein gestellt!

Als Mama ist dein erster Dienst mit Sicherheit der an deiner Familie. Er ist unglaublich wichtig und heilig! Schaue auf dein

Leben und frage Gott, wo er dich einsetzen möchte! Gib ihm heute neu dein „Ja!" und vertraue darauf, dass er stets an deiner Seite ist. Oft möchte Gott uns neue Charismen schenken, durch die er wirken kann, aber die wir verweigern, weil wir unsicher sind und lieber dort dienen, wo wir bereits sicher und geübt sind.

Vor allem, wenn er mich gebrauchen möchte, um jemand anderem ein Wort der Ermutigung zu schenken oder gar einen Gebetseindruck mitzuteilen, bin ich oft unsicher. Es gibt keine Garantie auf eine positive Reaktion und es kostet Überwindung, womöglich sogar fremde Menschen anzusprechen. Oder dem Nachbarn ungefragt einen Kuchen vorbeizubringen. Oder für deine Kinder zu beten und mit ihnen eine Zeit des Lobpreises zu gestalten. Vielleicht möchte Gott dir auch aufs Herz legen, eine Mama- oder Kindergebetsgruppe zu besuchen oder gar zu leiten. Was es auch ist, sowohl die Herausforderungen als auch die Schätze dabei sind vielfältig!

Wenn Gott durch dich wirkt, möchte er andere durch dich vor allem ermutigen, trösten und aufbauen. Das sind die wichtigsten Kriterien, um zu prüfen, ob dein Handlungsimpuls von Gott geführt ist. Er liebt es wirklich sehr, mit dir zusammenzuarbeiten! Das Schöne ist, auf Gott zu vertrauen und ihm zu dienen, wird mit fortwährender Übung etwas einfacher. Ganz ohne mir einen Ruck zu geben, schaffe ich es aber noch immer nicht (und das wird wahrscheinlich auch so bleiben).

Im Reich Gottes zu dienen, gleicht einem Kind, das laufen lernt. Nach den ersten paar Schritten plumpst es meist wenig elegant auf den Allerwertesten. Wir erwarten nicht von einem Kind, eines Tages einfach aufzustehen und zu gehen. Ebenso verhält es sich, wenn wir anfangen, Gott zu dienen und erste Schritte zu wagen. So wie das Mama-Sein ist auch ein Werkzeug-Gottes-Sein immer wieder ein erneuter Sprung ins kalte Wasser. Vor allem anfangs, aber selbst nach jahrelanger Übung werden wir immer wieder einmal auf den geistigen Allerwertesten plumpsen und einen Fehler machen. Gott ist wie ein liebender Vater, der dir sanft aufhilft und dich ermutigt, es erneut zu versuchen. So wie auch du dein Kind aufrichtest und es nicht anbrüllst, dass es doch gefälligst endlich ordentlich gehen soll.

Ich lade dich ein, dir für diese Woche ein bewusstes Ziel zu setzen, wo du Gott dienen möchtest, indem du zulässt, dass er dich gebraucht. Öffne dein Herz und lasse dir von ihm zeigen, wo er dich einsetzen will.
Für deine Zielformulierung kannst du zum Beispiel die ***„SMART-Regel“*** nutzen, die mir persönlich schon oft bei der konkreten Umsetzung eines Ziels geholfen hat:
S – spezifisch: Wähle eine möglichst konkrete Formulierung deines Ziels.
M – messbar: Woran erkennst du, ob du dein Ziel erreicht hast?
A – attraktiv: Formuliere dein Ziel so, dass es dein Herz berührt, sodass auch die intrinsische Motivation entstehen kann, es zu erreichen.
R – realistisch: Ist das Ziel erreichbar? Fange gern klein an!
T – terminiert: Stecke das Ziel für einen bestimmten Zeitraum ab.

Hier folgen ein paar Beispiele für dich, was konkrete Ziele sein könnten:

„Diese Woche möchte ich täglich für eine Person ein kurzes Gebet sprechen.“

„Diese Woche möchte ich täglich einer Person eine Ermutigung zusprechen.“

„Diese Woche möchte ich beim Einkaufen eine Blume und ein Lächeln verschenken.“

„Diese Woche möchte ich mich täglich mit einer Bibelstelle beschäftigen und sie an eine andere Person weiterschicken.“

Mein persönliches Ziel für diese Woche:

____

Folgendes Gebet möchte ich dir mit auf den Weg geben:

»

Gott, ich danke dir dafür, wie du mich geschaffen hast. Mit all meinen Mängeln, meinen Fehlern und Schwächen – und auch all meinen Stärken, guten Eigenschaften und meiner Schönheit.
Ich erlaube dir, mir aufzuzeigen, wo ich mich vor dir verstecke oder mich verlaufen habe.
Hole du mich in dein Licht und weise mir den Weg.
Gebrauche mich so, wie es dir gefällt,
und wirke durch mich in der Kraft deines Heiligen Geistes.
Danke, dass ich dabei Fehler machen,
lernen und wachsen darf.
Amen. «

3. Mama,

DURCH GOTTES GNADE

„Meine Gnade ist alles, was du brauchst. Meine Kraft zeigt sich in deiner Schwäche.“ 2. Korinther 12,9

Im letzten Kapitel haben wir herausgefunden, dass Gott uns gebrauchen möchte. Damit sein Reich auf dieser Erde Wirklichkeit werden kann, hat er aber keine feindliche Übernahme geplant. Er möchte, dass wir durch die Art und Weise, wie wir leben, Einfluss nehmen auf die Gesellschaft. In der Schrift finden wir diesen Auftrag in Matthäus 13,33:

„Auch das folgende Gleichnis erzählte Jesus: ‚Das Himmelreich ist wie Sauerteig, den eine Frau zum Brotbacken gebrauchte. Obwohl sie eine große Menge Mehl nahm, durchdrang der Sauerteig doch den ganzen Teig.‘“

Wir dürfen uns also bemühen, nachahmenswerte Vorbilder zu sein in der Art und Weise, wie Gott die Welt umgestalten will. Du musst nicht unbedingt „Großes“ bewirken, denn schon eine kleine Menge Sauerteig reicht aus, um letztlich vieles zu beeinflussen. Sei treu im Kleinen und vertraue darauf, dass der Herr jede deiner Gaben verwendet, um die Welt zu verändern! Durch dein tägliches Dienen als Mama arbeitest du an vorderster Front an Gottes Heilsplan mit. Wenn du deine Kinder liebst, nährst und ihnen ein Vorbild bist im Glauben an Gott, so hilfst du ihnen, auf den Weg zur Ewigkeit mit Gott zu gelangen.

Dies ist uns nur möglich durch das Kreuz Jesu Christi. Das Kreuz nimmt uns in die Gnade der Erlösung hinein. In Kolosser 1,19–20 steht:

„Denn Gott wollte in seiner ganzen Fülle in Christus wohnen. Durch ihn hat er alles mit sich selbst versöhnt. Durch sein Blut am Kreuz schloss er Frieden mit allem, was im Himmel und auf der Erde ist.“

Warum brauchte es das Kreuz?

Gott schuf uns Menschen aus Liebe, er sehnt sich danach, eine innige Beziehung zu uns zu haben. Damit diese Beziehung wirklich möglich ist, hat er uns mit einem freien Willen ausgestattet. Er umwirbt uns und tut alles, um unser Herz zu gewinnen. Aber er würde uns nie zu einer persönlichen Beziehung mit ihm drängen.

Durch den freien Willen kam es zum Sündenfall, der uns von Gott trennte. Immer wieder geschieht es, dass wir uns bewusst von Gott abwenden und sündigen. Trotz allem würde uns Gott nie seinen Willen aufzwingen. Ähnlich ist es mit unseren eigenen Kindern. Wir können sie lieben, erziehen und begleiten, und doch könnten sie sich eines Tages von uns abwenden.

Um ihnen den Weg zum Glauben zu eröffnen, können wir vor allem eines tun: als Vorbilder vorangehen. Wahren Glauben kann ich meinen Kindern nicht vorschreiben, ich kann ihn nur vorleben. Ich kann für sie um die Gnade des Glaubens beten und einen Rahmen im Alltag schaffen, der eine Begegnung mit Gott ermöglicht. Aber die Entscheidung, ob sie letztlich wirklich an Gott glauben oder nicht, liegt bei ihnen allein.

Weil unser Gott ein gerechter Gott ist, hat er meine Schuld nicht unter den Teppich gekehrt. Um mein Leben zu retten, hat er die Schuld auf sich selbst genommen und für mich den Tod besiegt. Um mir und dir die Freiheit und das ewige Leben zu schenken. Gott hat den Weg der grenzenlosen, bedingungslosen Liebe gewählt, damit wir das Leben in Fülle haben.

Römer 5,21 bringt es auf den Punkt:

„So wie die Sünde also über alle Menschen herrschte und ihnen den Tod brachte, so herrscht jetzt Gottes wunderbare Gnade. Durch sie werden wir vor Gott gerecht gesprochen und gewinnen durch Jesus Christus, unseren Herrn, das ewige Leben."

Wo lebst du noch getrennt von Gott?

Die Freiheit, die Gott uns schenkt, können wir nicht in vollen Zügen genießen und leben, wenn es keine Gesetze und Grenzen gibt. Freiheit ist nicht gleichzusetzen mit Gesetzlosigkeit. In der Bibel finden wir die Gesetze Gottes, die Zehn Gebote, die schon Mose von Gott erhalten hat.

Diese Gesetze zu brechen, bedeutet zu sündigen. Sünde macht Gott zutiefst traurig und verursacht in unserem Leben und im Leben der Menschen, die wir verletzen, Wunden. Vor allem dort, wo wir uns absichtlich entscheiden, Gottes Gesetz zu missachten, und so handeln, wie wir gerade möchten.

» *Glaube*
kann man nicht vorschreiben,
nur vorleben. «

Die Konsequenz der Sünde ist die Trennung von Gott und der Weg in die Ewigkeit ist uns versperrt. Um seine Gerechtigkeit wiederherzustellen und doch einen Weg für uns ins Paradies zu schaffen, opferte Gott seinen eigenen Sohn. In Johannes 3,16 ist diese Essenz des Evangeliums zusammengefasst:

„Denn Gott hat die Welt so sehr geliebt, dass er seinen einzigen Sohn hingab, damit jeder, der an ihn glaubt, nicht verloren geht, sondern das ewige Leben hat."

Jesus hat also am Kreuz für meine Sünden bezahlt. Schon im Buch Jesaja 53,5 im Alten Testament wird diese Liebestat Gottes angekündigt:

„Doch wegen unserer Vergehen wurde er durchbohrt, wegen unserer Übertretungen zerschlagen. Er wurde gestraft, damit wir Frieden haben. Durch seine Wunden wurden wir geheilt!“

Manchmal gibt es Situationen, in denen ich weiß, dass ich eine Wahl habe, und mich trotzdem für den „egoistischen“ Weg entscheide. Der scheinbar egoistische Weg kann natürlich auch durchaus der liebevollste sein, wenn ich zum Beispiel tatsächlich eine Auszeit brauche, um danach wieder gut für meine Familie sorgen zu können. Doch insbesondere dann, wenn ich in mir diesen Kampf um das Gute spüre und ich eigentlich sicher bin, genug Kraft für den liebevollen Weg zu haben, bin ich herausgefordert. Wenn mein Kind nach mir ruft und ich noch einen Moment so tue, als hätte ich nichts gehört, sodass ich noch eine Minute länger lesen kann. Wenn mein Mann später von der Arbeit heimkommt und ich ihn anschnauze, anstatt ihn freudig zu begrüßen. Wenn ich mit meinen Kindern beten und singen könnte, aber lieber eine CD einlege, weil ich mich nicht aufraffen kann oder möchte. Wenn ich nicht achtsam mit mir selbst umgehe und lieber eine Stunde am Handy verbringe, als zu schlafen, und danach übermüdet und gereizt bin. Wenn ich den ganzen Tag über mein Glück in flüchtigen Freuden suche und zum Beispiel in jeder unbeobachteten Sekunde etwas Süßes in mich hineinstopfe. Wenn ich Hausarbeit mache, obwohl es wichtiger wäre, mich zu den Hausaufgaben der Kinder dazuzusetzen, um sie zu unterstützen oder abzuprüfen. Wenn ich mir abends keine Zeit mehr nehme, um mich zum gemeinsamen Lesen ans Bett meines Kindes zu setzen. Wenn mir mein Kind eine Geschichte erzählen möchte und ich gar nicht oder nur halbherzig zuhöre. Ich denke, jede Mama kann diese Aufzählung für sich in vielfältiger Weise fortsetzen.

Es gibt zahlreiche Situationen im Mama-Alltag, die mich vor eine Wahl stellen. Mal mehr, mal weniger gravierend. Oft geschieht die schlechtere Entscheidung nicht unbedingt mit Absicht, schließlich lege ich Wert darauf, den liebevollsten Weg zu gehen. Oft weiß ich im Inneren auch, welche Entscheidung mich langfristig glücklicher macht, doch die Sünde verspricht häufig das schnelle „Glück", das sich jedoch ebenso schnell wieder in Luft auflöst. Zurück bleiben Leere und Bedauern.

Manchmal hilft mir eine recht eindrückliche Vorstellung dabei, mich für das Gute zu entscheiden. Jedes Mal, wenn ich den Weg der Sünde gehe, ist es, als würde ich selbst den Nagel in Jesu Kreuz einschlagen. Es kann auch hilfreich sein, dies praktisch zu tun. Schreibe deine Sünden auf einen Zettel und nagle ihn an ein Holzkreuz. Das mag etwas extrem klingen, aber es macht mir die Konsequenz meiner Sünde bewusster. Außerdem wird mir in diesem Moment ganz neu die unglaubliche Liebe und Gnade des Kreuzes bewusst. Jeder Hammerschlag wird dir durch Mark und Bein gehen und du wirst ganz neu die Dramatik der Sünde erkennen. Gott möchte, dass wir gegen die Sünde ankämpfen und uns um das Gute bemühen. Er weiß um unsere Schwachheit und spricht uns zu, nichts aus eigener Kraft schaffen zu müssen.

Paulus schreibt in Philipper 2,12–13:

„Liebe Freunde, als ich bei euch war, habt ihr meine Anweisungen immer treu befolgt. Jetzt, in meiner Abwesenheit, müsst ihr noch mehr darauf achten, dass Gottes Liebe in eurem Leben sichtbar wird. Deshalb gehorcht Gott voller Achtung und Ehrfurcht. Denn Gott bewirkt in euch den Wunsch, ihm zu gehorchen, und er gibt euch auch die Kraft zu tun, was ihm Freude macht."

In meinem Alltag falle ich vor allem dort, wo ich glaube, alles allein schaffen zu müssen. Aus eigener Kraft kann ich nicht der Mensch, die Ehefrau oder Mama sein, als die Gott mich gedacht hat. Gottes Geist in mir kann aber alles bewirken. Nicht nur das Vollbringen, sondern auch schon das Wollen kommt von ihm. Er schenkt mir einen Neuanfang nach jedem Fall, oft sogar mehrmals täglich!

Darum ist auch dieses „Mit-Gott-in-Verbindung-Bleiben" während des Alltags so entscheidend. Viele kleine Stoßgebete, die dich durch deinen Tag begleiten, sind ein geniales Mittel gegen Entmutigung und Resignation. Wenn dein Fokus auf Gott ausgerichtet ist, wirft dich nicht so schnell etwas aus der Bahn.

Wahrscheinlich wird dir im Laufe dieses Kapitels etwas in deinem Leben bewusst, was du gerne vor Gott bringen möchtest. Dazu möchte ich dich einladen, die Beichte, eine Aussprache oder Seelsorge in Anspruch zu nehmen. Bereite dich darauf vor, indem du Gott fragst, wo du ihn verletzt und dich von seiner Liebe abgewandt hast! Bitte um Erkenntnis, wo du mit deinen Mitmenschen oder mit dir selbst nicht gut umgegangen bist, und bringe alles vor ihn! Öffne dein Herz und lasse dir von Gott deine Sünden und blinden Flecke zeigen. Dann kannst du wieder neu beginnen und dir dabei seiner Liebe immer gewiss sein!

Das Kreuz in deinem Leben

Wir haben uns dafür entschieden, Jesus nachzufolgen. Dass uns dies früher oder später zum Kreuz führt, ist ganz natürlich. Ohne Karfreitag gäbe es keinen Ostersonntag. Wäre Jesus nicht gestorben, hätte er nicht auferstehen können.

Die Kreuze in deinem eigenen Leben können groß oder klein sein. Sie können dich lange beschäftigen oder auch nur fünf Minuten, wenn du den stinkenden Windeleimer zum Container bringen musst. Ein Kreuz kann sehr subjektiv sein und ist für manche negativ behaftet. Einem Kreuz begegnest du dann, wenn du an deine Grenzen kommst, wenn du mit deinen eigenen Kräften nicht mehr weiterkannst, wenn du die Kontrolle verlierst oder abgeben musst. Ein Kreuz ist es, wenn dir etwas geschieht, was dich aus der Bahn wirft, zum Beispiel wenn du eine geliebte Person verlierst. Ein Kreuz ist es, wenn du in deiner eigenen Sünde und Sucht gefangen bist und den Weg zu Gott nicht findest oder wagst.

Ein Kreuz umfasst all das in deinem Leben, was dir etwas abverlangt, was dich Kraft und oft Überwindung kostet. Jede Situation, in der du dich für einen bequemeren und leichteren Weg für dich selbst entscheiden könntest, du es aber um der Liebe willen nicht tust, ist ein Moment, in dem du das Kreuz bereitwillig auf dich nimmst.

Die Welt wird dich lehren, deinen Kreuzen auszuweichen. Schmerz und Leid zu vermeiden, um ein glückliches Leben zu führen. In den Medien sehen wir häufig ein komfortables Leben, das stets dem eigenen Luxus dient und nach dem eigenen Vorteil strebt. Doch was Jesus uns lehrt, ist etwas ganz anderes. In Lukas 9,23 spricht er zu einer Menschenmenge:

„Wenn einer von euch mit mir gehen will, muss er sich selbst verleugnen, jeden Tag aufs Neue sein Kreuz auf sich nehmen und mir nachfolgen."

Wir können uns vor einem Kreuz verstecken oder ausweichen, aber das funktioniert meist nicht auf Dauer. Es ist ein Leben der Flucht und Vermeidung. Das Leben in Fülle, von dem Jesus spricht, beinhaltet unweigerlich auch das Kreuz. Das Kreuz nimmst du dann an, wenn du zulässt, dass du „festgenagelt" wirst, wie es Jesus geschehen ließ. Wenn du alle Auswege und Fluchtmöglichkeiten aus freien Stücken aufgibst und im Gehorsam und

Vertrauen auf Gottes Güte auch bereit bist, Unbequemlichkeit, Opfer und Leid zu ertragen. Das klingt schmerzhaft und das ist es auch. Gerade deshalb ermutige ich dich, immer wieder an diesen kleinen Satz aus einem bekannten Kirchenlied zu denken, der unser ganzes Leben verändert und uns die Tür zur Ewigkeit geöffnet hat: *„Im Kreuz ist Heil!"*

Nimm dir ein paar Minuten Zeit und überlege, welche Kreuze du aktuell in deinem Leben zu tragen hast:

____

____

____

____

____

____

Es kann auch passieren, dass wir uns durch das Leid, das wir in unserem Leben erfahren, von Gott abwenden und uns von seinem Weg entfernen. Durch sehr schwere Schicksalsschläge zum Beispiel stellen Menschen häufig die Existenz oder vielmehr auch die Güte Gottes infrage.

Ist dein Gott nur gut, wenn es dir auch gut geht? Zweifelst du an Gottes Heilsplan, seiner Weisheit oder seinem Timing? Stellst du infrage, ob er dich denn wirklich liebt, wenn er dies oder jenes in deinem Leben zulässt? Fragst du dich, ob Gott dich überhaupt hört, wenn du nach ihm rufst in deiner Not?

Dazu möchte ich dir eine kurze, beispielhafte Geschichte einer Frau namens Susanna erzählen. Sie sitzt in einem Flugzeug und döst vor sich hin. Verträumt denkt sie an ihren großartigen Urlaub in Thailand zurück. Sie genießt das Gefühl, wenn die Augenlider schwer werden und erholsamer Schlaf in greifbarer Nähe liegt. Plötzlich wird sie aus ihrem Schlummer gerissen. Es macht einen heftigen Ruck und das Flugzeug sinkt abrupt ab. Alles fliegt durcheinander, Menschen schreien und ihr Sitznachbar klammert sich blass an ihrem Arm fest. Ihren noch warmen Tee findet sie verschüttet auf ihrer brandneuen Hose wieder. Susanna muss sich fragen, ob ihre letzte Stunde geschlagen habe.

Als sich das Flugzeug wieder stabilisiert, atmen alle erleichtert auf. Susanna versucht ihre Hose zu trocknen. Ihre Hände zittern und doch gelingt ihr ein dankbares Lächeln, als ihr der Nachbar ein Taschentuch reicht. Schon nach wenigen Sekunden beginnen die Insassen entrüstet zu schimpfen, doch Minuten später meldet sich der Pilot zu Wort und erzählt, dass vom Kontrollturm eine dringende Warnung gekommen sei. Das Flugzeug befand sich mit einem anderen auf direktem Kollisionskurs und er musste extrem schnell reagieren, um alle zu retten. Als die Passagiere das hören, applaudieren sie. Auch Susanna ruft ein lautes „Danke" und der Flug geht weiter.

Gott sitzt im Kontrollturm deines Lebens! Wenn du eine Erschütterung erfährst, kann es gut sein, dass Gott dich vor einer Katastrophe bewahren wollte. Statt zu schimpfen, versuche Danke zu sagen, auch wenn im Alltag die Erklärung für die Erschütterung oftmals ausbleibt oder sich erst viel später zeigt.

Zweifle nie in der Dunkelheit an dem, was Gott dir im Licht gezeigt hat. Erinnere dich an *seine* Versprechen. Schreibe auf, was *er* dir gesagt und zugesprochen hat! Notiere dir Erlebnisse, wo du die Gegenwart Gottes gespürt hast. Für diesen Zweck ist ein Gebetsjournal, wie ich es in Kapitel Eins vorgestellt habe, eine großartige Hilfe. Auf diese Art und Weise kannst du diese besonderen Erlebnisse immer nachlesen und in deinem eigenen Leben Beweise von Gottes Gegenwart und Güte finden.

Notiere hier deine schönste Erinnerung an die Gegenwart Gottes in deinem Leben:

Wir Menschen sind so versucht, auf das Schlechte zu schauen. Auch unser Gedächtnis funktioniert oft deutlich besser, wenn es um negative Erlebnisse geht. Der eine Horrortag der Woche, als keines der Kinder schlafen wollte, das Essen angebrannt und der Kleine auch noch von der Couch gefallen ist, bleibt mir viel prägender in Erinnerung als die anderen sechs schönen, normalen Tage. Oftmals können wir jedes Detail einer schmerzhaften Situation abrufen, während all das Gute und Schöne viel schneller von der Dunkelheit verdrängt wird. Wir lassen uns schnell einnehmen und es reicht dann manchmal schon ein kleiner Tropfen, der das Fass überlaufen und uns explodieren lässt.

»

Zweifle nie in der Dunkelheit an dem, was Gott dir im Licht gezeigt hat!

«

Die gute Nachricht ist, dass wir in diesem Bereich wachsen können. Dafür braucht es zuerst ein bewusstes Hinschauen, Hinterfragen und Wahrnehmen. In meinem Ergotherapiestudium lernte ich die Selbstreflexion als gezielt eingesetztes Werkzeug kennen und lieben. Dabei nimmst du dir Zeit, etwas Geschehenes in Ruhe Revue passieren zu lassen und deine Emotionen und Handlungen zu überdenken. Da ich ein Fan von „Learning by Doing" bin, möchte ich dich ermutigen, es hier gleich auszuprobieren. Denke an eine Reizsituation, mit der du haderst, in der du nicht so gehandelt hast, wie du es dir wünschst, und gehe folgende Fragen durch.

Situation in Stichworten:

____

____

____

____

Welche Emotionen kommen auf, wenn ich an diese schwierige Situation (zum Beispiel einen Wutanfall) denke?

Wie habe ich mich in dem Moment gefühlt?

Was hat mein Körper gemacht und wie haben sich meine Gefühle hier geäußert?

Welche äußeren Faktoren haben meine Emotionen beeinflusst?

Gibt es Faktoren, die ich aktiv beeinflussen kann?

Wie bin ich im Nachhinein mit der Situation umgegangen? Konnte ich ausdrücken, was schiefgelaufen ist, oder sogar einen Neuanfang machen?

Was waren meine Bedürfnisse in der Situation? Kann ich sie benennen? Wer könnte mich unterstützen, diese zu stillen?

Kann ich etwas Positives aus dem Erlebten mitnehmen? Entdecke ich etwas, wofür ich dankbar sein kann?

Wie kann ich anders damit umgehen, wenn eine ähnliche Situation oder die damit verbundenen Emotionen wieder auftreten?

Wie habe ich in dieser Situation mit mir selbst gesprochen?

____

____

____

____

Täglich gehen uns rund 50.000 Gedanken durch den Kopf. Beobachte und reflektiere, wie du mit dir selbst sprichst und wie du von dir denkst. Versuche, negativ formulierte Sätze bewusst in eine positive Sprache umzuformen. Mir hat hier zum Beispiel sehr geholfen, meine „Ich muss“-Gedanken zu ändern. Ich muss ständig aufmerksam auf die Kinder achten. Ich muss Tag und Nacht für sie verfügbar sein. Ich muss liebevoll und geduldig sein. Ich muss fleißig sein und das Haus sauber halten. Ich muss kochen. Ich muss, ich muss, ich muss ... Das hat mich wirklich genervt.

Dann bin ich in einem Denkprozess ähnliche Fragen wie oben durchgegangen und habe dabei festgestellt – „Ich will!“. Es ist unglaublich, welchen großen Unterschied es für mich macht, all diese Sätze mit einem „Ich will“ auszusprechen!

Das Ergebnis deiner Reflexion kannst du auch dahin gehend nutzen, dir die Situation erneut vorzustellen und gedanklich diesmal so zu reagieren, wie du es dir wünschst. Du kannst auch einen schriftlichen Plan festlegen, wie du beim nächsten Mal mit einer ähnlichen Situation umgehen möchtest. Diese Gedanken darfst du nähren und wiederholen, bis du in kleinen Schritten merkst, dass sich dadurch auch tatsächlich dein Handeln in einer Reizsituation ändert.

Mit diesen Überlegungen möchte ich dir deine Freiheit zusprechen: Du bist dir und deinen Emotionen nicht ausgeliefert! Du hast eine Emotion, du bist nicht deine Emotion. Es gibt praktische Werkzeuge, wie diese schriftliche Reflexion, mit denen du daran arbeiten kannst. Ein weiterer Ansatz kann auch die Arbeit an deinen Glaubenssätzen sein. Allein schon, dir bewusst zu machen, was dein Denken und Handeln prägt, kann einen Unterschied in deinem Alltag bedeuten. Hierzu kann ich dir auch das Buch von Stefanie Stahl „Das Kind in dir muss Heimat finden" empfehlen.

Du bist dazu geschaffen, deine Entscheidungen auf Prinzipien und Werte zu stützen, anstatt dich von äußeren Umständen oder deinen Emotionen beherrschen zu lassen. Darin liegt ein großer Schatz, den es zu finden gilt, und ich verspreche dir, es lohnt sich!

Ganz häufig entdecke ich in der Reflexion auch ungestillte Bedürfnisse. Es hilft mir, diese wahrzunehmen und zu benennen. Dann braucht es einen konkreten Schritt, diese Bedürfnisse auch ernst zu nehmen und zu stillen. Einiges kannst du selbst in die Hand nehmen, aber oft brauchen wir dabei auch die Unterstützung von jemand anderem. Besonders in der Kleinkindzeit stellen wir Mamas unsere Bedürfnisse hinten an. Das ist bis zu einem gewissen Grad natürlich und auch in Ordnung. Bei mir selbst und vielen anderen Müttern fällt mir aber auch auf, wie schwer es uns fällt, gezielt um Hilfe zu bitten. Deshalb möchte ich dir zusprechen: Du darfst Hilfe brauchen, du darfst darum bitten, sie annehmen und sie dankbar genießen!

Bedürfnisse zu äußern und mich darin unterstützen zu lassen, sie zu erfüllen, ist für mich persönlich ein Lernprozess. Am meisten übe ich das mit meinem Ehemann ein, der mich auf diesem Weg ermutigt und begleitet. Wenn ein Tag besonders anstrengend ist, schreibe ich ihm zum Beispiel schon am Nachmittag eine kurze Nachricht, dass ich heute dringend ein paar Minuten

Auszeit brauche, wenn er von der Arbeit heimkommt. Das kann dann eine warme Dusche (allein!) sein, ein Power-Nap oder ein Kaffee und ein gutes Buch. Er kann sich dann darauf einstellen und mich unterstützen. Ich kann mich wiederum kurz ausruhen und ihm danach eine Pause verschaffen.

Hilfe anzunehmen, ohne schon kurz vor einem Zusammenbruch zu stehen, ist sehr befreiend und wohltuend. Wenn ein angekündigter Besuch anbietet, Kuchen mitzubringen, sage ich mittlerweile: „Ja, danke, sehr gern!" Oder meine Mama bietet an, auf die Kinder aufzupassen, während ich allein etwas erledigen kann oder mein Mann und ich uns einmal Paarzeit bei Tageslicht gönnen. Darüber hinaus gibt es auch Leih-Omas, Au-pair-Mädchen oder Babysitter, die dir im Alltag etwas Luft verschaffen können. Ich ermutige dich, darüber nachzudenken, was für dich und deine Familie funktionieren könnte, und das Thema mit deinem Mann und anderen nahestehenden Personen zu besprechen. Frage ihn dabei auch gerne nach seinen Bedürfnissen und wie du ihm dabei eine Stütze sein kannst. Eine große Bereicherung kann auch der Austausch von Strategien und konkreten Hilfestellungen unter uns Mamas sein. Ich denke hier mit größter Hochachtung und Respekt vor allem auch an alleinerziehende Mamas und träume davon, dass jede Einzelne von ihnen ein Netzwerk hat, das Unterstützung und Halt bietet. Wir können so viel voneinander lernen und füreinander da sein!

Während all dieser Überlegungen strecke dich nach Gott aus und vertraue auf seine Macht! Richte deinen Blick wieder weg von dir und schaue auf ihn. Lies in der Schrift und lasse dich ermutigen von seinem Wort, zum Beispiel in Jesaja 61,1–3:

„Der Geist Gottes, des HERRN, ruht auf mir, denn der HERR hat mich gesalbt, um den Armen eine gute Botschaft zu verkünden. Er hat mich gesandt, um die zu heilen, die ein gebrochenes Herz haben,

und zu verkündigen, dass die Gefangenen freigelassen und die Gefesselten befreit werden. Er hat mich gesandt, um ein Gnadenjahr des HERRN und einen Tag der Rache unseres Gottes auszurufen und alle Trauernden zu trösten. Er hat mich gesandt, um es den Trauernden zu ermöglichen, dass ihnen ein Kopfschmuck anstelle von Asche, Freudenöl anstelle von Trauerkleidern, und Lobgesang anstelle eines betrübten Geistes gegeben werde; und dass man sie ‚Eichen der Gerechtigkeit' und ‚Pflanzung zur Verherrlichung des HERRN' nennen kann."

Oft sind wir auch dazu gerufen, ein fremdes Kreuz mitzutragen. Wenn eine nahestehende Person leidet, sind wir oft um die richtigen Worte verlegen. Wir erleben Momente, wo es einfach keine Verwendung für ermutigende Sprüche gibt. Steh dazu, dass du nichts sagen oder tun kannst, um es jetzt gerade leichter zu machen. Sei einfach da. Das reicht und ist so viel wert! Wenn mein drei Monate altes Baby zahnt und aus Leibeskräften seinen Schmerz hinausbrüllt, kann ich nur da sein und den Schmerz mittragen. Was könnte ich einer Mutter sagen, die ihr Kind zu Grabe tragen musste? Wie eine Frau trösten, die keine leiblichen Kinder bekommen kann? Welche Worte helfen nach dem Schmerz einer Fehlgeburt? Wir sind für Gemeinschaft geschaffen, um nicht allein unser Kreuz tragen zu müssen, wie wir auch in Galater 6,2 lesen können:

„Helft euch gegenseitig bei euren Schwierigkeiten und Problemen, so erfüllt ihr das Gesetz, das wir von Christus haben."

Wachstum durch das Kreuz

Das Leid empfinden wir oft als Ort der Trennung von Gott. Es wird auch immer wieder als „Wüstenerfahrung“ beschrieben. Gerade in dieser Wüste möchte uns Gott aber mit überreicher Gnade beschenken, die wir beim Durchwandern der Wüste in besonderer Art und Weise erfahren dürfen.

Die Weisheit Gottes lässt sich nicht mit unserem Verstand erfassen. Oft erkennen wir sie erst viele Jahre später, wenn wir auf eine Situation zurückblicken. Durch die Traurigkeit und Leere, die ich in meiner Jugendzeit erlebte, habe ich eine große Liebe für verzweifelte und suchende Menschen gewonnen. Ich habe schon öfters die Erfahrung gemacht, dass sich solche Menschen gut auf mich einlassen und sich mir anvertrauen können. An meinem Leben können sie sehen, wie Gottes Liebe verändern und wirken kann. Meine Geschichte bezeugt, dass es für einen Weg zu Gott nie zu spät ist.

Wahrscheinlich gibt es auch in deinem Leben mehrere schwere Situationen, die dich gerüstet haben für eine spätere Aufgabe. Wenn du mit deinen Wunden in die Gnade Gottes eintauchst, bist du gerade dort besonders durchlässig für sein Wirken. Durch deine Wunden kann seine Gnade in die Welt hineinfließen.

Überlege, aus welchem Leid du heute in der Rückschau positive Erfahrungen gewinnen konntest. Danke Gott auch ganz bewusst für das persönliche Wachstum und die Früchte, die du heute sehen kannst. Wenn wir mitten im Leid stecken und gerade spüren, wie wir an das Kreuz genagelt werden, ist es oft schwer, den großen Heilsplan des Herrn zu sehen und ihm zu vertrauen.

Für solche Zeiten ist es sehr hilfreich, zu überlegen, was dir in der Vergangenheit geholfen hat, als du durch schwere Zeiten gegangen bist. Versuche zu erkennen, wo und wie Gott dich konkret aufgerichtet und geheilt hat.

Mache dir dazu gerne ein paar Notizen:

Worte oder Bibelverse, die mich ermutigen, finde ich in schwierigen Phasen meines Lebens besonders hilfreich. Es kann eine Idee für dich sein, ein solches Wort schön auf eine Karte zu schreiben und diese an einen Ort zu hängen, den du oft besuchst. In meinem Fall wäre das zum Beispiel über dem Wickeltisch, in einem Küchenschrank oder auch als Handy-Hintergrundbild.

Dankbarkeit und Geduld können dich durch viel Leid tragen. Wofür bist du heute dankbar? Ich bin gewiss, mindestens ein Grund fällt dir jeden Tag ein, mit großer Wahrscheinlichkeit sogar mehrere! Du darfst geduldig sein, weil du hoffentlich, wie ich, die Erfahrung gemacht hast, dass nach jeder Nacht die Sonne wieder scheint. Die guten Zeiten sind unbedingt zu genießen, um an schweren Tagen davon zehren zu können. In diesem Leben auf der Erde ist eines gewiss – irgendetwas Schweres kommt immer wieder daher. Es gibt kein problemloses Leben, keines ohne Leid.

Ein sehr großer Trost für mich ist die Geschichte von Lazarus. Kurz nach seinem Tod kommt Jesus am Haus von Lazarus und seinen Schwestern an und begegnet den trauernden Menschen mit so einer innigen Liebe. Er weiß bereits, dass er Lazarus von den Toten auferwecken wird.

Und doch lesen wir in Johannes 11,35, dass Jesus weinte. Warum? Weil ihn die Trauer und der Schmerz der Menschen so sehr bewegt haben. Er war zutiefst mitfühlend. In deinem Schmerz ist Jesus also so innig mit dir verbunden, dass er auch mit dir weint. Das war für mich eine beinahe unfassbare Entdeckung. Der allmächtige Gott wird von deinem Kreuz zu Tränen bewegt!

Jesus und das Kreuz

Niemand weiß besser, wie es ist, ein Kreuz zu tragen, als Jesus selbst. Nicht nur sein Kreuz, nein, das Kreuz der ganzen Welt. Die Schuld jedes einzelnen Menschen. Meine Schuld und deine Schuld. Jesus selbst trägt diese Schuld. Schauen wir uns an seinem Beispiel an, wie es gelingen kann, sein Kreuz auf sich zu nehmen und in Liebe zu tragen.

Umgib dich mit deinen Freunden

Jesus schart in seiner schwersten Stunde seine Jünger um sich und stützt sich auf ihre Gegenwart und ihr Gebet. Vor seinem Tod am Kreuz nahm er die Jünger mit in den Garten Gethsemane, er wünschte sich einfach ihre Gesellschaft. In Markus 14,33–34 steht:

„Petrus, Jakobus und Johannes aber nahm er mit. Schreckliche Furcht und Angst ergriff ihn und er sagte zu ihnen: ‚Meine Seele ist zu Tode betrübt. Bleibt hier und wacht mit mir.'"

Wenn ich leide, reagiere ich häufig mit Rückzug. Wie ein verletztes Reh suche ich mir lieber eine versteckte Ecke, wo ich still vor mich hin leiden kann, als mein Kreuz offen zu zeigen. Es fällt mir schwer, meine Lieben daran teilhaben zu lassen und mich zu öffnen. Ich muss mich überwinden, auf die Frage „Wie geht es dir?" ehrlich zu antworten. Es ist zumindest vorübergehend oft einfacher, die Fassade aufrechtzuerhalten. Kennst du das? Es ist so eine alltägliche Floskel, nach dem Wohlergehen zu fragen, und doch rechnen wir kaum mit einer tiefgehenden Antwort. Mit einem kurzen „Gut" ist diese Frage meist schnell erledigt.

Manchmal, wenn ich jemandem diese Frage stelle, spüre ich, da ist mehr, und hake bewusst nach. „Wie geht es dir wirklich?", erkundige ich mich dann. Dafür braucht es auch viel Feingefühl und einen passenden Rahmen. Schon öfter wurde dann aus einem „Gut" ein deutlich längeres Gespräch. Es kommt auch vor, dass ich mich irre oder die Person gerade nicht darüber sprechen möchte. Das ist vollkommen in Ordnung! Für mich lohnt es sich trotzdem, im Zweifelsfall eher einmal zu oft nachzufragen. Es ist ein Lernprozess, jemand anderen Einblick nehmen zu lassen in dein Innerstes. Doch an Jesu Beispiel erkennen wir, dass Gott selbst die Gemeinschaft lieber Menschen im Leid sucht und dadurch Trost findet.

Geteiltes Leid ist halbes Leid

Wie in so vielen Sprüchen steckt auch in diesem viel Wahrheit. Jesus spielt seinen Freunden nichts vor, er steht zu seiner Angst und seiner Not. Er versteckt sich nicht und bittet seine Freunde ganz direkt, mit ihm zu wachen und zu beten. Selbst als sie einschlafen, wird er nicht müde, sie zu wecken und erneut zum Gebet aufzufordern. Wie oft überspiele ich es, wenn es mir schlecht geht? Wie oft setze ich mir eine Maske auf, um nach außen hin fröhlich zu wirken, wenn mir in meinem Inneren jedoch nur nach Weinen zumute ist? Was ich lernen durfte, ist, dass wir nicht lieben können, ohne uns verletzlich zu machen. Nicht wirklich, nicht ganz, nicht echt.

Wenn ich immer einen Teil von mir zurückhalte, dann traue ich mich nicht, zu hoffen, dass mein Gegenüber mich tatsächlich voll und ganz annehmen kann. Ich traue mich nicht, zu hoffen, dass ich gut genug bin. Ich traue mich nicht, zu hoffen, dass ich tatsächlich Gottes geliebtes Kind und für die Ewigkeit geschaffen bin. Ehrlichkeit braucht Mut und doch entstehen dadurch Beziehungen, die uns in den schwersten Nöten des Lebens tragen können. Manchmal reicht es schon, mein Herz auszuschütten, und ich merke, wie die Last leichter wird.

Rufe zu Gott

Jesu Freunde werden müde und halten es nicht durch, mit ihm zu wachen. In diesem Moment macht er die schmerzhafte Erfahrung, sich von seinem engsten Umfeld im Stich gelassen zu fühlen. Er stützt sich vor allem auf einen – seinen Vater, seinen Abba. Er hört immer zu, selbst wenn alles andere fällt. Jesus schreit zu Gott, wie wir in Markus 14,35–36 erfahren:

„Er ging ein Stück weiter und warf sich zu Boden. Dann betete er darum, dass das Schreckliche, das ihn erwartete, wenn es möglich wäre, an ihm vorübergehe. ‚Abba, Vater', sagte er, ‚dir ist alles möglich. Lass diesen Leidenskelch an mir vorübergehen. Doch dein Wille geschehe, nicht meiner.'"

Aus dieser Stelle im Garten Gethsemane können wir eine Form des Gebets für unsere eigenen Leiderfahrungen am Vorbild Jesu ableiten. Ich persönlich habe es als sehr hilfreich erlebt, nach diesem Vorbild zu beten, wenn ich leide.

1. Gottes Macht anerkennen:
   Abba, Vater, alles ist dir möglich.
2. Schütte dein Herz aus, schrei deine Not zu Gott und sprich deine Bitte aus:
   Vater, wenn du willst, nimm diesen Kelch von mir!
3. Schenke ihm dein Vertrauen und nimm seinen Willen für dein Leben an:
   Aber nicht mein, sondern dein Wille soll geschehen.

Die Schönheit des Kreuzes

Das klingt erst mal ein wenig paradox. Das Kreuz steht doch für Tod, Schmerzen und Folter. Die Schönheit des Kreuzes lässt sich jedoch in ganz wenigen Worten beschreiben. Ich lade dich ein, den folgenden Satz wirklich in dein Herz sinken zu lassen:

Es waren nicht die Nägel, die Jesus an diesem Kreuz gehalten haben, sondern seine Liebe für dich!

Nun möchte ich dich einladen, dir ein wenig Zeit freizuschaufeln. Setze oder knie dich hin und betrachte ein Kreuz (oder eine Abbildung davon, wenn du keines in deiner unmittelbaren Nähe hast).

Die bloße Darstellung eines Leichnams am Kreuz empfinde ich als sehr abstoßend. Entwürdigend. Genau so war es auch gedacht, denn der Tod am Kreuz war für den „Abschaum der Gesellschaft" reserviert. Und doch könnte ich stundenlang vor dem

Kreuz sitzen, es anschauen und es einfach schön finden. Es berührt mein tiefstes Innerstes, denn die geballte Schönheit des Kreuzes liegt in der Botschaft der bedingungslosen Liebe und Selbsthingabe Jesu.

Jesus selbst vergleicht das Kreuz mit dem Beginn des Lebens in Johannes 16,21:

„Es wird sein wie bei einer Frau in den Wehen. Wenn ihr Kind erst geboren ist, verblassen die Schmerzen angesichts der Freude, dass ein neuer Mensch zur Welt gekommen ist."

Das Kreuz ist uns Christen als Symbol für die Erlösung geschenkt.

Stell dir vor, du erbst eine Riesensumme, aber keiner erzählt dir davon. Du lebst dein Leben weiter, vielleicht sogar in Armut, weil du nichts davon weißt. So ist das auch mit Jesu Sieg am Kreuz. Jesus hat all deine Schuld bezahlt – wie traurig wäre es, wenn du trotzdem weiterlebst, als wäre die Kreuzigung nie geschehen, als hätte es die Auferstehung nicht gegeben?

Deshalb möchte ich dich ermutigen, das Kreuz zu tragen als Schmuck (im geistlichen oder, wenn du möchtest, auch im wörtlichen Sinne), mit Freude und Liebe. Verbreite die Frohe Botschaft! So viele wissen noch nichts von dieser riesigen Erbschaft.

Wie siehst du das Kreuz nach diesem Kapitel? Hier hast du Platz, um dein inneres Bild davon zu zeichnen:

Lass dein Leben, vor allem auch im Leid und den täglichen Mühen, Zeugnis sein von seiner Liebe! Lass deine Kinder teilhaben an der Heilsbotschaft, von Anfang an!

Sprich zum Abschluss dieses Gebet vor dem Kreuz:

»

Vater, ich danke dir, dass du Pläne des Heils für mich hast.
Durch deine Liebe und Gnade hast du Jesus in diese Welt gesandt, um mich zu erlösen.
Jesus, ich bete dich an. Durch deine Wunden ist mir das ewige Leben geschenkt.
Ich muss nicht länger allein kämpfen,
denn du bist in jedem kleinen und großen Kreuz an meiner Seite.
Lass mich dich neu erkennen und dein Opfer mit offenem Herzen empfangen.
Zeige mir, wo du durch mich wirken möchtest.
Meine Sehnsucht ist, dass meine Kinder dich lieben lernen, wie ich dich liebe.
Gib du die Gnade dazu.
In deinem Namen, Jesus.
Amen. «

4. Mama, VOM HEILIGEN GEIST ERFÜLLT

„Doch wenn der Vater den Ratgeber als meinen Stellvertreter schickt – und damit meine ich den Heiligen Geist –, wird er euch alles lehren und euch an alles erinnern, was ich euch gesagt habe."
Johannes 14,26

Am Leben Jesu können wir sehen, dass der Heilige Geist keine Nebenrolle spielt, sondern im Zentrum von Gottes Plan steht. Jesus verspricht uns den Beistand, den Ratgeber, der uns an Jesu Worte erinnert. Gottes Weg, mit uns zu kommunizieren und auf der Erde zu wirken, ist der Heilige Geist. Es ist also essenziell, dass der Heilige Geist einen wichtigen Platz in unserem Leben findet.

Gott möchte uns mit dem Heiligen Geist erfüllen. Dabei geht er keineswegs knausrig vor, sondern er möchte uns überreich beschenken. Wenn du dir dich selbst wie ein Gefäß vorstellst, dann will Gott nicht einmal am Rand aufhören, er möchte dich so sehr erfüllen, dass der Heilige Geist sogar überfließen kann. Verschwendung, könnte man meinen. Doch ganz im Gegenteil.

Dadurch, dass du dich von Gott überfließend erfüllen lässt, kann der Heilige Geist durch dich in die Welt gelangen. Du erlaubst Gott, dich zu gebrauchen. Er selbst kann durch dich wirken. Er möchte dich segnen, damit du zum Segen wirst.

Gottes Geist braucht keine langwierigen Vorbereitungen, um zu kommen. Er ist sehr mamafreundlich und alltagstauglich. Mitten im Leben kannst du ihn anrufen: „Komm, Heiliger Geist!" Drei Worte, die eine Situation, einen Tag und ja, sogar ein ganzes Leben vollkommen verändern können. Werde nicht müde, ihn immer wieder in dein Leben einzuladen. Sprich es ruhig auch laut aus.

» *Gott möchte dich segnen, damit du zum Segen wirst!* «

Deine Kinder werden womöglich fragen, zu wem du sprichst, und du erhältst eine tolle Gelegenheit, ihnen mehr von Gott zu erzählen. Er kann mich zurüsten für die wohl wichtigste Aufgabe meines Lebens. Wenn Gott und ich ein Team sind, dann bin ich nicht automatisch erholt und happy, aber mein Herz ist erfüllt und daraus schöpfe ich.

Liebe Mama, wie oft stecken wir fest in unserem Hamsterrad des Alltags und versäumen, Gottes Geist einzuladen? Es bewirkt eine besondere Atmosphäre in einem Zuhause, wenn wir mehrmals am Tag den Heiligen Geist anrufen (nicht nur, wenn das Baby nicht einschlafen kann ...). Jede noch so kleine Situation kann eine Chance sein, neu anzufangen. Gewöhne dir an, bei bestimmten Aktivitäten den Heiligen Geist anzurufen. Zum Beispiel, wenn du in der Früh in den Spiegel schaust, wenn du Betten machst, in einen anderen Raum gehst, deine Zähne putzt oder den Müll rausbringst. Probiere verschiedene Möglichkeiten aus und du wirst schon bald ein wenig Routine entwickeln.

Mit Gottes Hilfe kann ein Leben auf den Spuren Jesu gelingen. Der Beistand, den er uns dazu schenkt, ist der Heilige Geist. Lade ihn heute ganz bewusst ein, nicht als Gast bei euch zu Hause zu sein, sondern als Mitbewohner!

Die Früchte des Heiligen Geistes

Dort, wo der Heilige Geist präsent ist, zeigen sich seine Früchte. Paulus beschreibt die Früchte des Heiligen Geistes in Galater 5,22–23 folgendermaßen:

„Wenn dagegen der Heilige Geist unser Leben beherrscht, wird er ganz andere Frucht in uns wachsen lassen: Liebe, Freude, Frieden, Geduld, Freundlichkeit, Güte, Treue, Sanftmut und Selbstbeherrschung. Nichts davon steht im Widerspruch zum Gesetz."

Als Christen streben wir danach, diese Früchte ernten zu dürfen. Die gute Nachricht ist, Gottes Gnade wird uns dazu geschenkt. In seiner Gnade ruhend können wir die Kraft schöpfen, um konkrete

Schritte des Wachstums zu gehen. Die Früchte des Geistes kennenzulernen und mehr über sie zu erfahren, ist wichtig, um ein Ziel und Ideal vor Augen zu haben. Denn wenn wir nicht wissen, wohin wir gehen, haben wir keine Orientierung.

Wo die Früchte des Heiligen Geistes in unserem Leben sichtbar werden, erkennen wir (und andere Menschen), dass Gott in uns wohnt. In Matthäus 7,16b-18 erläutert Jesus dieses Prinzip:

„An Dornbüschen wachsen keine Trauben und an Disteln keine Feigen. Ein gesunder Baum trägt gute Früchte, ein kranker Baum dagegen schlechte. An einem guten Baum wachsen keine schlechten Früchte, ebenso wenig wie ein kranker Baum gesunde Früchte hervorbringt."

Auf den nächsten Seiten werden wir uns näher damit beschäftigen, was genau diese Früchte sind, was sie ausmacht und wie wir sie konkret in unserem Mama-Alltag kultivieren können.

Zu Beginn jeder Frucht findest du eine Bibelstelle. Lies sie mehrmals durch und betone jeweils andere Worte darin. Ich bete, dass die Wahrheit der Schrift tief in dein Herz sinkt und dich stärkt und ermutigt!

Liebe

„Wir wollen lieben, weil er uns zuerst geliebt hat."
(1. Johannes 4,19)

Gott ist die Liebe selbst. Durch die Gnade des Heiligen Geistes sind wir gerufen, einen Glauben zu leben, der durch die Liebe handelt. Du bist zuerst geliebt. Aus dieser Kraftquelle heraus kannst du schöpfen und darauf vertrauen, dass die Liebe, die durch dich in diese Welt fließt, stets genährt wird von der unerschöpflichen Liebe Gottes. Deshalb ist auch er die einzige Quelle, die meine tiefste Sehnsucht nach Liebe stillen und mein Herz nähren kann.

Du bist als Mama gerufen, diese Liebe weiterzugeben. Manchmal erlebe ich Momente, in denen ich das Gefühl habe, aus einem leeren Brunnen zu schöpfen. Ich versuche zu geben und zu geben, ohne vorher zur Quelle zu kommen und zu empfangen.

Zu versuchen, Liebe zu schenken, ohne Gottes Liebe zuerst für mich selbst anzunehmen, erlebe ich als die größte Hürde in meinem Alltag. Ein Weg, wie ich Gottes Liebe in meinem Alltag spürbar erfahren kann, ist die morgendliche Stille Zeit. Es ist jedoch nicht einfach, im Taumel der Müdigkeit nach schlaflosen Nächten eine feste Zeit mit Gott am Morgen zu etablieren. Je nach Lebensphase habe ich verschiedene Strategien entwickelt, um mich schon vor dem Aufstehen spürbar mit Gott zu verbinden. Ein Stoßgebet – wenige Sekunden – kann schon einen entscheidenden Unterschied machen. Dazu muss ich gestehen, ein Morgenmuffel zu sein.

Aktuell ist es morgens oft hektisch und das Stoßgebet beschränkt sich meist auf drei Worte: „Gnade, Gnade, Gnade." Es ist pure Gnade, an Gott zu glauben, ihn in meinem Leben zu haben und mit seiner Hilfe Mama sein zu dürfen. Aus dieser Gnade schöpfe ich Tag für Tag – sie ist die Quelle meiner Liebe, die ich an meine Kinder, meinen Mann und andere Menschen weitergeben darf.

Freude

„Doch auch wenn die Feigenbäume noch keine Blüten tragen und die Weinstöcke noch keine Trauben, obwohl die Olivenernte spärlich ausfällt und auf unseren Kornfeldern kein Getreide wächst, ja selbst

wenn die Schafhürden und Viehställe leer stehen, will ich mich trotzdem über meinen HERRN freuen und will jubeln. Denn Gott ist mein Heil! Der HERR, der Allmächtige, ist meine Kraft! Mit ihm kann ich so sicher wie eine Gazelle über die Felsen springen und wohlbehalten die Berge überqueren."
(Habakuk 3,17–19)

Das Volk Israel war in dieser Bibelstelle in großer Not. Im babylonischen Exil erlebten sie Unterdrückung, Hoffnungslosigkeit und Verzweiflung. Auch wenn ich mich als Mama objektiv bei Weitem nicht in so einer tragischen Situation befinde, fühlt sich manchmal die Not in der Mutterschaft ähnlich an wie die Beschreibung in diesem Vers. Wenn sich äußerlich keine Früchte, keine Spur von Ertrag oder Produktivität zeigen und ich das Gefühl habe, machtlos zu sein und nichts ändern zu können.

Es ist verständlich, in solchen Momenten nicht zu jubeln und sich nicht zu freuen. Erschöpfung und Resignation stellen sich gerne ein, wenn über einen längeren Zeitraum hinweg kein sichtbarer Erfolg erreicht wird. Als Christen sind wir aber über das Sichtbare hinaus beschenkt. Unser Gott ist ewig. Er ist gut. Er ist der Retter und die Kraft, die auch in aussichtslosen Situationen Jubel und Freude hervorruft. Diese Bibelstelle ermutigt, denn selbst am gefühlten Tiefpunkt lässt Gott dich auf den Höhen schreiten und sicher springen, wie eine Gazelle. Wir können vom Volk Israel, das in dieser Zeit wirklich Schlimmes erlebte, lernen, auf Gott zu hoffen, ganz gleich, wie düster die Lage scheint. Außerdem hilft mir diese Geschichte aus der Bibel, meine Perspektive zu wechseln und auch Dankbarkeit und Freude über meine eigene Situation zu empfinden.

Dabei geht es nicht darum, alles Traurige und Negative zu negieren oder krampfhaft positiv zu sein. Ganz im Gegenteil, ich halte es für wichtig, allen Gefühlen Raum und Gehör zu schenken und sie auch auszudrücken. Und doch freuen wir uns bewusster am eigenen Alltag, wenn wir unseren Horizont öffnen für das (oft objektiv viel schlimmere) Leid anderer.

Selbst wenn alles schiefzugehen scheint, meine Hoffnung liegt in Jesus. Das bedeutet, besonders in schweren Zeiten bin ich von Gott getragen. Ich bin überzeugt, er möchte eine Freude schenken, die unabhängig von den aktuellen Umständen meines Lebens ist. Wenn ich keine Blüten oder Früchte in meinem Leben erkennen kann, passieren oft Wachstum und Heilung im Verborgenen. Denn ohne starke Wurzeln kann keine Pflanze gute Früchte hervorbringen.

Für mich war dabei ein Knackpunkt, die große Spannung des Mama-Alltags zu umarmen und ein „und" stehen zu lassen. Mama-Sein ist wunderschön und sehr anstrengend. Ich liebe es, Zeit mit meinen Kindern zu verbringen, und ich genieße ebenso die Zeit ohne sie.

Ich möchte dir einen persönlichen Tipp geben: Baue dir Freudeninseln in deinen Alltag ein. Überlege, was dir Freude macht, und beschenke dich damit. Ein Blumenstrauß, dein Lieblingslied, ein schöner Bibelvers, ein Bild, dein Lieblingsessen – was auch immer Funken der Freude in dir entzündet. Und dann geh noch einen Schritt weiter und mache dich auf eine geistliche Schatzsuche. Wo schenkt dir Gott selbst diese Freudeninseln? Ein besonderes Wort aus der Schrift, die Zuversicht, dass er da ist, egal was kommt, oder das Lächeln einer fremden Person beim Spazierengehen. Gott beschenkt uns täglich mit kleinen Momenten der Freude. Bete voll Vertrauen darum, diese Freudenstrahlen, die er sendet, zu erkennen und daran auftanken zu können. Du wirst sehen, nach und nach wird dein „Freudenradar" immer sensibler und dein Herz gestärkt.

Frieden

„Sorgt euch um nichts, sondern betet um alles. Sagt Gott, was ihr braucht, und dankt ihm. Ihr werdet Gottes Frieden erfahren, der größer ist, als unser menschlicher Verstand es je begreifen kann. Sein Friede wird eure Herzen und Gedanken im Glauben an Jesus Christus bewahren.“
(Philipper 4,6–7)

Der Frieden Gottes übersteigt meinen Verstand. Nur bei Gott gibt es Frieden, der tiefer geht, der mein Herz und meine Gedanken beeinflussen kann. Es ist die Gemeinschaft mit Jesus Christus, die diesen Frieden schenkt. Als Mama sind die Möglichkeiten, sich zu sorgen, beinahe endlos. Genau in diesen Bereich spricht diese Bibelstelle, denn Sorge macht das Herz rastlos und eng.

Bei Gott aber sind wir eingeladen zu jeder Zeit, in jedweder Lage unsere Bitten vor ihn zu bringen. Diese Stelle betont auch den direkten Dank im Anschluss an die Bitte. Dadurch drücken wir das Vertrauen und Loslassen der eigenen Kontrolle aus. Immer wieder entdecke ich Bereiche in meinem Leben, die ich von Gott getrennt halte, die ich selbst regeln und im Griff haben möchte. Ich bin mehr damit beschäftigt, Antworten und Lösungen zu suchen als die Gegenwart Jesu.

Für mich stellt sich Frieden dann ein, wenn Kopf und Herz in Einklang sind. Das geschieht in dem Moment, in dem ich meine Abhängigkeit von Gott annehme und ihn als Versorger anrufe. Frieden geschieht dort, wo ich mich in der Gegenwart Jesu berge und alles vor ihn lege, was mir Sorgen macht. Und er geschieht dort, wo ich entscheide, meine Situation und die Tatsache anzunehmen, das Ergebnis nicht kontrollieren zu können. Das kann ich in dem Wissen, dass Gott alle meine Anliegen kennt und er sie – im Gegensatz zu mir – durchaus kontrollieren kann.

Geduld

„Als ein Gefangener für den Herrn fordere ich euch deshalb auf, ein Leben zu führen, das eurer Berufung würdig ist, denn ihr seid ja von Gott berufen worden. Seid freundlich und demütig, geduldig im Umgang miteinander. Ertragt einander voller Liebe."
(Epheser 4,1–2)

Wie bei Paulus lässt Gott auch in meinem Leben zu, dass ich um seinetwillen leide oder mich in einer anderen Form von Gefängnis wiederfinde. In dieser Stelle lesen wir von Gottes Eigenschaften, die auch in uns wachsen dürfen. Freundlichkeit, Demut, Geduld, das Ertragen in Liebe – nichts davon wird von mir verlangt, ohne dass ich es selbst reichlich von Gott empfangen könnte. Weil Gott mir all dies schenkt und darin Vorbild ist, kann ich wachsen, lernen und ihm nachfolgen.

Das Mama-Sein ist auch schwer und herausfordernd, es fühlt sich manchmal an wie das Feuer in der Schmiede, das es braucht, um etwas Neues zu schaffen. Manche Momente kommen womöglich sogar dem Empfinden dieser Erfahrung im Gefängnis gleich. Du kannst deine Mama-Rolle von ganzem Herzen lieben und gleichzeitig Momente erleben, in denen du dich nach einem Ausbruch sehnst.

Vieles dauert länger, als es uns lieb ist. Wir wachsen in einer Gesellschaft auf, die höher, schneller und weiter reicht und wenig Platz hat für langsames Wachstum. Doch genau das brauchen wir und unsere Kinder. Schnell ist nicht Gottes Stil. Wenn wir in die Schrift blicken, finden wir zahlreiche Geschichten, die von langsamen Prozessen und Jahren des Wartens erzählen.

Gott selbst kann den Stock deiner inneren Antreiber zerbrechen. Du darfst dir deiner Gotteskindschaft täglich neu bewusst werden und seinem Zeitplan vertrauen. Ich erinnere mich selbst auch immer wieder daran, dass es nichts Wichtigeres gibt, das ich in diesen jungen Jahren meiner Kinder anderswo verpassen würde, wenn ich mich zum Großteil meiner Zeit meiner Mama-Rolle hingebe. Es hilft mir sehr, realistische Ziele zu formulieren und mir gleichzeitig zu erlauben, andere Ziele loszulassen, die mit meiner Familie aktuell nicht vereinbar sind.

Freundlichkeit

„Freundliche Worte sind wie Honig – süß für die Seele und gesund für den Körper."
(Sprüche 16,24)

Mit Worten schuf Gott die Welt, er sprach und sie wurde. Durch seine Worte entsteht Leben. Ähnliches erleben wir auch in der menschlichen Kommunikation. Worte können Leben spendend sein, Menschen aufblühen und wachsen lassen. Sie können aber auch zerstören und krank machen. Faszinierend zu beobachten ist, dass derselbe Effekt bei Sendern und Empfängern auftritt. Wenn ich heilsame und freundliche Worte spreche, erfahre ich ebenso selbst ihre positive Wirkung. Ist meine Sprache geprägt von Unfreundlichkeit und Verletzung, erfährt meine Seele dasselbe Leid.

Mein persönliches Aha-Erlebnis bei dieser Frucht bestand darin, mir selbst gegenüber freundlicher zu sein. Wie ich mit mir selbst spreche, hat einen viel größeren Einfluss auf meine Kommunikation nach außen, als ich mir hätte vorstellen können. Früher übte ich einen eher harten Umgang mit mir selbst und neigte dazu, unfreundlich und negativ im inneren Dialog mit mir zu sein. Ich verurteilte mich schnell für meine Fehler, Gefühle und Gedanken. Mit vollem Tank und ausreichend Schlaf ist es durchaus möglich, zu allen anderen freundlich zu sein. Das Mama-Sein hat mir aber aufgezeigt, wie viel von meiner inneren Kommunikation nach außen schwappen kann, wenn meine Ressourcen auf Sparflamme stehen.

Nach und nach lernte ich, mir selbst gegenüber eine liebevollere Sprache zu kultivieren und mir mehr Verständnis entgegenzubringen. Fast wie von selbst übertrug sich diese Haltung auch auf den Umgang mit Menschen in meinem Umfeld. Es lohnt sich also wirklich, zu hinterfragen, wie du mit dir selbst und anderen sprichst!

Wenn Freundlichkeit wie Honig ist, wirkt sie außerdem antibakteriell und beugt Entzündungen in Beziehungen vor. Sie bewirkt Veränderung und Heilung und jedes freundliche Wort, das du aussprichst, zählt und kann Leben spendend sein. Auch wenn du Zeit in der Heiligen Schrift verbringst und Gottes Wort in dein Herz sinken lässt, wirst du sensibler für eine Sprache, die Richtung Himmel zeigt. Das heißt konkret, eine Sprache zu verwenden, die schöpferisch und ermutigend ist, die zum Wachsen verhilft und Positives hervorbringt. Wenn du gute Gedanken über jemanden hast, sprich sie aus! Wie schön, wenn wir Christen die Welt ein wenig freundlicher gestalten dürfen und dadurch zu einem Zeugnis von Gottes Freundlichkeit werden!

Güte

„Du deckst mir einen Tisch vor den Augen meiner Feinde. Du nimmst mich als Gast auf und salbst mein Haupt mit Öl. Du überschüttest mich mit Segen. Deine Güte und Gnade begleiten mich alle Tage meines Lebens, und ich werde für immer im Hause des HERRN wohnen." (Psalm 23,5–6)

Vor allem in Bedrängnis spricht Gott mir zu, mich zu versorgen. Bei ihm muss ich keinen Mangel leiden, denn er füllt mir reichlich den Becher. Nicht gerade genug, um zu überleben, sondern reichlich. Güte und Gnade muss ich nicht suchen, Gott verspricht in dieser Stelle, dass sie mir folgen werden, mein Leben lang. Selbst eine Wohnung in seinem Haus wird mir zugesagt.

Güte stammt von „gut", nicht von „perfekt". Wenn ich mir eine Festtafel vorstelle, wie sie hier beschrieben ist, so würde ich in meiner Vorstellung von „perfekt" eher nicht vor den Augen meiner Feinde an diesem Tisch Platz nehmen wollen. Oftmals lebe ich in der Wunschvorstellung, dass es keine Feinde und keine Bedrängnis mehr geben dürfte, bevor ich zur Ruhe kommen und mir den reichlich gefüllten Becher gönnen kann, den Gott mir schenkt.

In dieser Bibelstelle kommt sowohl die Realität des Alltags zur Sprache als auch die Reaktion Gottes, der inmitten schlimmster Bedrängnis zu einem Mahl und einer Pause einlädt. Aber gerade dann, wenn ich dieses Auftanken am allermeisten bräuchte, versuche ich oft, darauf zu verzichten, um erst alle „Feinde" zu beseitigen. Zu diesen „Feinden" zähle ich Termine, Wäsche, Einkauf, Krankheit und vieles mehr. Zähneknirschend verspreche ich mir eine Pause am Ende des Kampfes und erreiche dieses Ende doch nicht. Genießen angesichts unerledigter Aufgaben scheint unmöglich.

Doch mit Gott können wir genau das lernen. Pause, Genuss und das Auftanken in seiner Gegenwart lassen in mir die Fähigkeit wachsen, auch gegenüber meiner Familie gütig zu sein, selbst im Angesicht meiner „Feinde". So, wie Gott mir den Becher reichlich füllt, möchte auch ich mein Umfeld nicht nur mit dem Nötigsten zum Überleben abspeisen, sondern Raum schaffen für Genuss, Pause und gemeinsame Zeit.

Treue

„Erkennt deshalb, dass der HERR, euer Gott, der wahre Gott ist. Er ist der treue Gott, der über 1.000 Generationen hinweg zu seinem Bund mit denen steht, die ihn lieben und seinen Geboten nachkommen." (5. Mose 7,9)

Beim Lesen dieser Worte ist mir eine Wahrheit besonders bewusst geworden. Gott ist der einzig wahre Gott, und doch geschieht es immer wieder, dass ich andere Bereiche meines Lebens oder meinen eigenen Willen über ihn erhebe. Würde Gott mich vergessen, wenn ich einmal von seinem Weg abschweife, so wäre ich schon lange verloren. Doch Gottes Bund bleibt bestehen. Selbst wenn ich davonlaufe, mich verstecke oder ablenke, ist er treu und immer da.

Was mein Herz berührt hat, war vor allem auch die Reihung der Worte im letzten Satz. Er erweist sich denen treu, die ihn lieben und seinen Geboten nachkommen. Die Liebe kommt hier an erster Stelle und das spricht direkt in meinen Mama-Alltag. Gebrochene Gesetze und Regeln gibt es zuhauf und doch darf ich von Gott lernen und den Fokus zuerst auf die Liebe und dann die Gebote legen. Das heißt, ich bringe meinen Kindern auch dann Liebe entgegen, wenn sie meine Regeln brechen. Natürlich sind Grenzen und deren Kommunikation wichtig, doch die Gnade ist immer größer als die Schuld. Hier kann ich einen Weg lernen, mit meinen Kindern in liebevoller Verbindung zu bleiben, auch wenn sie von mir Grenzen erfahren.

Dabei hilft mir zum Beispiel, ein Babyfoto gut sichtbar in unserem Wohnraum zu platzieren, sodass mich der Zauber der ersten Liebe für mein Kind auch in Momenten des Ärgers und Zorns an die Liebe und Treue Gottes erinnert. Als Erwachsene sind wir in der Lage, mehrere Gefühle gleichzeitig wahrzunehmen und mit unserem Gehirn zu verarbeiten. Wenn mich der Zorn zu überfallen droht, stelle ich mir vor, wie sich die Liebe in meinem Gehirn nach vorne drängelt, wie ein Arzt in einer Filmszene, und ruft: „Lassen Sie mich durch, ich bin die Liebe!“

Wie auch Gott sich nach unserer frei geschenkten Liebe sehnt, sehnen wir uns auch als Eltern nach der Liebe unserer Kinder. Diese ist nicht immer sichtbar oder spürbar, und doch sind wir als Eltern berufen, treu zu sein und uns nicht abzuwenden, ganz gleich, wie sich unsere Kinder verhalten oder mit welchen Aussagen sie uns verletzen. Erinnern wir uns daran, wie wir oftmals selbst Gott verletzen, ungehorsam sind und unseren eigenen Weg durchsetzen möchten. Wir dürfen erkennen, wie ähnlich wir unseren Kindern sind, Gott um Verzeihung bitten und unseren Kindern dieselbe Gnade und Treue entgegenbringen, die wir von Gott geschenkt bekommen.

Sanftmut

„Er wird seine Herde weiden wie ein Hirte: Die Lämmer wird er im Arm tragen und sie auf seinem Schoß halten, die Mutterschafe wird er freundlich leiten.“
(Jesaja 40,11)

Gott zeigt sich hier als liebevoller Hirte, Versorger und Beschützer. Aus diesen Worten spricht die Sehnsucht danach, seine Herde zu versammeln, was er mit starker Hand vollbringt. Wahre Stärke zeigt sich aber auch in Behutsamkeit und Sanftmut. Es braucht Mut, um sanft zu sein. Der Bibelvers enthält auch eine besondere Zusage an uns Mamas. Ich bin nicht der „Leithammel“ der Herde, ich darf als Mutter auf die Führung des Hirten vertrauen. Vielmehr noch trägt der Hirte selbst meine Kinder auf seinem Arm.

Hier erfahre ich Unterstützung, Schutz und ein Vorbild, wie ich meine Kinder auf ihrem Weg begleiten kann.

Vor allem muss ich den Weg zur Weide nicht allein finden. Gott selbst führt mich behutsam und ich möchte mich im Alltag daran erinnern, dass ich nicht allein für das Wohl meiner Kinder verantwortlich bin. Der Gute Hirte selbst hilft mir und schenkt Führung. Es hilft mir, dieses Bild bewusst hervorzurufen und mich selbst zu ermutigen, Gott nicht aus den Augen zu verlieren.

In Verbindung und Blickkontakt mit Gott bin ich auf dem Weg nicht allein. Im Vertrauen auf ihn kann ich sanftmütig und stark zugleich sein, denn ich weiß, was auch immer geschieht, er führt mich und meine Kinder werden von ihm selbst getragen.

Selbstbeherrschung

„Ein Mensch ohne Selbstbeherrschung ist so schutzlos wie eine Stadt mit eingerissenen Mauern."
(Sprüche 25,28)

Die letzte Frucht ist für mich persönlich eines der größten Wachstumsfelder in meinem Alltag. Es hat für mich eine Weile gedauert, Selbstbeherrschung als etwas Positives wahrzunehmen, da ich davon ein sehr veraltetes und steifes Bild hatte. Unter Selbstbeherrschung verstand ich, mir jeden Gefühlsausdruck und Genuss zu verkneifen und mir keine Fehler erlauben zu dürfen. Selbstbeherrschung im biblischen Sinne bietet jedoch Schutz und sichere Grenzen, so wie in dieser Bibelstelle beschrieben. Das Bild von Stadtmauern, die errichtet wurden, um die Bewohner in Sicherheit leben zu lassen, hat mich ermutigt, das Thema zu vertiefen.

Grenzen einzuhalten, gibt mir Sicherheit, vor allem von außen. Für den Ein- und Ausgang einer Stadt gab es einen bestimmten

Weg und ein Tor. Was die Stadt verließ oder betrat, war also ein kontrollierter Prozess und musste reguliert werden, damit es zu keinen Staus oder Unfällen kam. Meine Gefühle dürfen also ebenso mein Inneres verlassen und hineinkommen, doch geht es bei dieser Frucht darum, dass dieser Vorgang gut reguliert stattfindet. Denn dort, wo Gefühle aufgestaut werden und keinen Ausdruck finden, brechen sie oft unkontrolliert hervor und bringen die Mauern, die uns schützen sollen, zum Einsturz. Ebenso geschieht das, wenn Gefühle vollkommen ungefiltert aus unserem Inneren nach außen gelangen. Wir erleben das bei unseren Kindern, wenn sie Gefühle wie Wut kennenlernen und die ersten Erfahrungen oft mit großen Ausbrüchen einhergehen. Diese starken Gefühle zu regulieren, ist ein Lernprozess, der auch bei vielen Erwachsenen noch nicht abgeschlossen ist.

Was löst so einen Ausbruch in meinem persönlichen Alltag aus? Welche Situationen bringen mich dazu, meine Beherrschung zu verlieren? Das können große Wutausbrüche sein, es beginnt aber auch schon im Kleinen, wann immer ich gegen meine Prinzipien handle. Gelingt es mir, meine Grenzen liebevoll zu schützen und meine Gefühle und Bedürfnisse auf dem vorgesehenen Weg zu kommunizieren?

Dieser Lernprozess hat mich schon viel Kraft gekostet, aber auch reich beschenkt. Es lohnt sich, zu reflektieren, Risse in der Mauer zu vermeiden oder noch rechtzeitig zu reparieren, bevor die Mauer zum Einsturz kommt, um im Bild zu bleiben. In jedem Alltag gibt es verschiedene Faktoren, die sich beeinflussen lassen. Für mich ist das vor allem mein Handygebrauch, wann ich schlafen gehe, ob ich echte Pausen mache, mir auch Auszeiten organisiere und eine klare Kommunikation. Ein guter Umgang mit diesen Faktoren stabilisiert diese Mauer, sodass ich weniger gefährdet bin, in Reizsituationen die Fassung zu verlieren.

Gottes Stimme hören

Gott hat alles gegeben, damit wir den Zugang zum ewigen Leben gewinnen. Er hat uns aus Liebe geschaffen, um wiederum mit uns eine liebevolle Beziehung eingehen zu können. Einer der wichtigsten Bausteine für eine gute Beziehung ist Kommunikation. Auch in der Ehe ist es eine Herausforderung, mit meinem Mann gut in Kontakt zu bleiben und nicht nur über Alltägliches und Organisatorisches zu sprechen. Um mit ihm wirklich in eine tiefe Verbindung zu treten, braucht es einen bewussten Schritt und ein offenes Herz. Es braucht einen Rahmen, in dem ich aktiv zuhören kann und teile, was in meinem Herzen ist. Mit Gott ist das ähnlich. Er verwendet verschiedene Kanäle, um mit mir zu kommunizieren, aber wenn ich mich vor ihm verschließe, hat er kaum eine Chance, denn er drängt sich nicht auf.

Ich kann mir gut vorstellen, dass es Gott mit mir manchmal so geht wie mir mit meinem Kleinkind in der Trotzphase. Liebevoll möchte ich ihn darauf hinweisen, wie gut es für ihn ist, vor dem Schlafen eine frische Windel anzuziehen. Währenddessen strampelt er wild, hält die volle Windel fest und beginnt lauthals zu schreien und zu weinen. Im Grunde mag er es nicht, mit einer vollen Windel zu schlafen, doch mein Einschreiten geht ihm gerade gegen den Strich. So ähnlich reagiere ich manchmal auch Gott gegenüber.

In diesem Kapitel möchte ich dich einladen, auf dein Leben zu schauen und zu überlegen, wo Gott zu dir gesprochen hat. Das kann durch einen inneren Eindruck, einen anderen Menschen, einen Traum, ein Buch, ein Wort in der Schrift oder auch eine direkte Botschaft in dein Herz passiert sein. Versuche herauszufinden, wo Gott dich durch sein Wort und sein Handeln geleitet hat, und notiere alles, was dir einfällt:

Bevor Jesus in den Himmel aufgefahren ist, kündigte er das Kommen eines Beistandes, den Heiligen Geist, an. Durch ihn möchte Gott zu uns sprechen und uns lehren. Für mich war der Heilige Geist lange Zeit eine große Unbekannte. Theoretisch war mir klar, dass er eine Person des dreifaltigen Gottes ist. Mir wurde erzählt, dass man ihn bei der Taufe empfängt und ich bei der Firmung mit ihm besiegelt werde. Aber die Person des Heiligen Geistes war schwer greifbar für mich und ich konnte nicht wirklich eine Beziehung zu ihm aufbauen.

Hilfreich war dabei für mich, auf Maria zu blicken. Sie wird auch die Braut des Heiligen Geistes genannt, was sich aus den Versen in Lukas 1,35 ableiten lässt:

„Der Engel antwortete: ‚Der Heilige Geist wird über dich kommen, und die Macht des Allerhöchsten wird dich überschatten. Deshalb wird das Kind, das du gebären wirst, heilig und Sohn Gottes genannt werden.'“

Nach Jesu Tod erwartet Maria mit den Jüngern das Pfingstereignis, die Herabsendung des Heiligen Geistes, wie Apostelgeschichte 1,14 berichtet:

„Sie alle kamen regelmäßig zum Gebet zusammen, gemeinsam mit Maria, der Mutter von Jesus, einigen anderen Frauen und den Brüdern von Jesus.“

Um also Gottes Stimme gut hören zu können, sind wir eingeladen, so zu werden wie Maria. Was sie so unglaublich empfänglich für die Gnade und das Wort Gottes macht, ist ihre enge Verbundenheit und Kommunikation mit Gott im Gebet. Dort, wo wir sündigen und uns vor Gott verschließen, wird unsere Verbindung zu Gott von unserer Seite unterbrochen. Im Sakrament der Beichte schenkt uns Gott einen Neuanfang und die Verbindung wird wiederhergestellt. Aber auch wenn du nicht katholisch bist oder gerade keinen Zugang zur Beichte hast, kannst du deine Sünden immer vor Gott bringen und ihn um Vergebung bitten. Für einen Neuanfang ist es bei Gott nie zu spät.

In meinem Mama-Alltag merke ich meistens erst schleichend, wenn ich mich von Gott entfernt habe. Ich reagiere gereizter, habe wenig Geduld und bin insgesamt unausgeglichen. Erst wenn ich mich womöglich schon das dritte Mal bei meinem Kind entschuldigt habe, weil ich es angefaucht habe, fällt mir auf, dass ich versuche, aus eigener Kraft liebevoll zu sein. Ich brauche den Heiligen Geist, der mich das sanfte Säuseln lehrt, wenn ich alle drei Sekunden brüllen könnte, weil ich so müde bin und Ruhe haben will. Zu meinem großen Glück ist Gott sehr geduldig und willig, mich zu lehren.

Ich bin oft schnell bereit, etwas zu tun, worin ich bereits Erfahrung habe. Wie Maria möchte ich aber auch lernen, Gottes Willen zu tun, ohne vorab eine detaillierte Wegbeschreibung zu erhalten. Hab den Mut, auch „Ja" zu sagen, wenn du vor neuen Aufgaben stehst oder nicht alles kontrollieren kannst. Besonders in solchen Situationen möchte Gott dich durch seine Stimme leiten und dich Vertrauen lehren.

Für mich ist es manchmal sogar schon eine Überwindung, ein neues Kuchenrezept auszuprobieren. Es könnte ja schiefgehen und dann muss ich entweder einen neuen machen oder einen total unvollkommenen Kuchen auftischen (insofern er essbar ist). Es ist eine Kleinigkeit im Alltag und doch zeigt es auf, wie sehr ich mich nach Kontrolle sehne. Kontrolle, die, ehrlich gesagt, ohnehin schon Mangelware im Mama-Dasein ist. Besonders bei kleinen Kindern ist wenig berechenbar, wenn sogar das Schlafpensum sich anfühlt wie ein Spiel beim Roulette. Objektiv betrachtet ist so ein Kuchen also eine eher unwichtige Angelegenheit, und doch kann Gott sogar diese absolut weltlichen Momente nutzen, um an mir zu arbeiten.

Außerdem können wir durch das, was Gott bereits gesagt und getan hat, lernen, wie Gott zu seinem Volk spricht. Es ist daher sehr hilfreich, dies in der Heiligen Schrift nachzulesen. Es gibt viele Erzählungen von Gottes Eingreifen, und selbst als Jesus auf Erden ist, hört Gott nicht auf zu sprechen, wie wir in der Geschichte von Jesu Taufe in Markus 1,11 lesen:

„Und aus dem Himmel sprach eine Stimme: ‚Du bist mein geliebter Sohn, an dir habe ich große Freude.'"

Wenn wir die Schrift kennen, ist es einfacher, wahrzunehmen, wenn Gott in das eigene Leben spricht. Studiere seine Worte, und du wirst besser unterscheiden können, was wirklich von ihm kommt und was nicht. Oft reicht ein einfacher Vers, durch den Gott zu mir sprechen möchte. Niemand erwartet ein monatliches Gesamtstudium der Bibel, aber ein Vers am Tag ist ein realistisches Ziel und macht automatisch Hunger nach mehr.

Noch nie in meinem Leben habe ich so konsequent und hungrig die Schrift gelesen, wie ich es tue, seitdem ich Mama bin. Es ist mir ein Anliegen, diesen Glauben, den wir in unserer Familie leben, auf ein gutes Fundament zu stellen. Was es braucht, ist ein Anfang!

Mein Tipp: Platziere eine Schachtel mit Bibelversen zum Herausziehen an einem Ort, wo du dich häufig aufhältst oder vorbeigehst, und greif zu!

Taube Ohren

Was aber, wenn ich Gottes Stimme nicht hören kann? In Johannes 10,27 spricht Jesus:

„Meine Schafe hören auf meine Stimme; ich kenne sie und sie folgen mir."

Mit den Schafen sind offensichtlich wir gemeint. Wenn wir Gottes Stimme nicht wahrnehmen können, liegt das häufig an „tauben" Ohren.

Oft verschließen wir bewusst unsere Ohren, da die Worte Gottes womöglich auch unangenehme Konsequenzen mit sich bringen könnten. Möchte Gott mich einer Sünde überführen und dadurch letztlich enger an sein Herz ziehen, kann es schon passieren, dass ich auf Durchzug schalte.

Wir Menschen sind großartig darin, Botschaften nicht zu hören, die uns nicht ansprechen oder uns herausfordern, tätig zu werden. Unser Gewissen kann beispielsweise die Stimme Gottes sein, die uns den rechten Weg zeigen möchte. Ich weiß nicht, ob du das auch schon erlebt hast, aber ich bin sehr geübt darin, mein Gewissen auf Minimalstärke zu stellen und eventuell von lauter Musik übertönen zu lassen.

Hast du vielleicht auch schon einmal die Einladung Gottes, jemandem ein gutes Wort zu schenken, ignoriert? Könnte ja peinlich werden und kostet wirklich Überwindung. Oder hast du den Drang gespürt, einen bestimmten Dienst zu übernehmen, und hast dich trotzdem dagegen entschieden? Auch Unsicherheit darüber, ob es wirklich Gottes Stimme ist, kann ein Grund dafür sein, unsere Ohren zu verschließen. Erst wenn wir reagieren und danach handeln, können wir an den Folgen erlernen, ob es Gottes Stimme war oder nicht. Wenn wir Gottes Stimme aber bewusst ignorieren, bauen wir eine Mauer zwischen ihm und uns auf, die es wiederum schwieriger macht, seine Stimme überhaupt wahrzunehmen.

Mir geht es manchmal so, dass ich von Gott wissen will, was er eigentlich für mich geplant hat. Wo er mich einsetzen möchte, welche Personen er mir über den Weg schickt oder wie es weitergehen soll. Und immer wieder erwische ich mich dabei, dass ich einfach warte. Bei Paulus in Damaskus ist es schließlich auch eindeutig gewesen, als Gott gesprochen hat, nicht wahr? Und ich kann ihn scheinbar einfach nicht hören. Manchmal vergesse ich auch, konkret darum zu bitten, seinen Willen erkennen zu können. Weil ich in meinem Alltagsrad feststecke und mir denke, er wird sich schon melden, wenn er etwas braucht.

Sein Eingreifen und Sprechen in deinem Leben wird sich auf deinem Weg der Jüngerschaft möglicherweise verändern. Wenn du am Beginn deiner Glaubensreise stehst, wird Gott anders zu dir sprechen, als wenn du schon 20 Jahre mit ihm unterwegs bist. Es kann sein, dass Gott nach einiger Zeit weniger ausführlich oder weniger deutlich in dein Leben spricht, weil er dir schon mehr zutraut.

So wie auch du mit einem Kleinkind anders sprichst als mit einem Jugendlichen, bei dem du weißt, dass er schon mehr Erfahrung hat. Dies ist uns oft nicht bewusst und wir erwarten von Gott, ewig wie ein Kleinkind behandelt zu werden. Ein anderes, umgekehrtes Beispiel stellt ein altes Ehepaar dar, welches oft nur noch mit Blicken ganze „Gespräche" führt.

Wenn ich meinen eigenen Lebensweg und meine Beziehung mit Gott reflektierte, konnte ich dabei vor allem eines beobachten: Am Beginn dieser Beziehung empfing ich deutlich mehr Bestätigung und Zuspruch von anderen Menschen. In diesen ersten Schritten, besonders auch in der Jüngerschaftsschule, habe ich die Erfahrung machen dürfen, dass Gott einen Eindruck, ein

Wort oder Bild, das mich betraf, von mehreren Personen unabhängig voneinander bestätigen ließ. Dadurch lernte ich, besser zu unterscheiden und ein Gefühl dafür zu entwickeln, was Gott mir sagen möchte und welche meiner Gedanken oder Eingebungen tatsächlich von Gott waren und welche nicht. Heute gibt es seltener diese Bestätigung von anderen Personen, wobei ich oft dieselbe Gewissheit verspüre, die sich anfangs erst nach diesen Bestätigungen von außen eingestellt hat. Wenn du dich fragst, ob Gott aufgehört hat, zu dir zu sprechen, dann sei gewiss: Gottes Sehnsucht, mit dir zu sprechen, ist viel größer als deine Sehnsucht, ihn zu hören! Auch in der Schrift lesen wir in Jesaja 50,4b:

„Morgen für Morgen öffnet er mir das Ohr, damit ich höre, wie ein Jünger hört."

Gott selbst also möchte dir hörende Ohren schenken!

Wenn du den Eindruck hast, Gottes Stimme nicht hören zu können, kann dies auch ein Anzeichen für eine Wüstenzeit sein, durch die dich Gott besonders zurüsten möchte. Vertraue auf sein Wort in der Schrift und bitte ihn, die Verbindung zwischen ihm und dir zu erneuern. Bitte ihn um Verzeihung, falls du dich durch Sünde von seiner Stimme abgeschnitten hast.

Gebetszeit

Nun möchte ich dich zu einer Gebetszeit einladen. Vielleicht hast du ja bereits ein Gebetsjournal begonnen, oder du nimmst dir einen leeren Zettel. Richte dir, so gut es geht, eine Stille Zeit ein und öffne dein Herz für den Heiligen Geist.

Ziel ist es, Gottes Stimme zu hören und den Schritt von der Theorie in die Praxis zu tun. Bete um einen Eindruck, ein Wort für jedes Mitglied deiner Familie. Denke daran, dass Gott selbst durch dich wirken möchte. Sprich die drei Worte „Komm, Heiliger Geist!" mit ganzem Herzen aus und warte auf den Geist Gottes.

» *Gottes Sehnsucht, mit dir zu sprechen, ist viel größer als deine Sehnsucht, ihn zu hören!* «

Nimm dir für jede Person ungefähr zehn Minuten Zeit und gehe dann weiter zur nächsten. Notiere alles, was dir in den Sinn kommt. Wenn dir etwas komisch vorkommt oder du unsicher bist, kannst du Gott auch bitten, den Eindruck zu bestätigen oder zu widerlegen. Vertrau darauf, dass er sprechen möchte und es auch tut. Danke Gott für das, was er gesprochen hat, und bitte ihn, dir zu helfen, das Gehörte weiterzugeben. Mach aus dem Wort oder den Eindrücken, die du erhalten hast, eine nette Karte, die du übergeben kannst, oder nimm dir bewusst Zeit, das Gehörte zu erzählen.

Du kannst diese Gebetszeit auch mit deiner Familie oder einer Mama-Freundin gemeinsam gestalten. Betet dann auch füreinander um ein Wort von Gott und lasst euch von ihm überraschen und beschenken! Diese Form des hörenden Gebetes kannst du regelmäßig wiederholen. Im Rückblick wirst du in deinem Journal möglicherweise Übereinstimmungen erkennen, wenn du immer wieder für eine Person betest und deinen Eindruck niederschreibst.

Dienen durch den Heiligen Geist

Es ist nicht alltäglich, jemanden zu kennen, der zum Beispiel durch Gebet geheilt wurde. Auch wenn es kein Ursache-Wirkungs-Prinzip zwischen Gebeten und der erhofften Gebetserhörung gibt, glaube ich dennoch, dass Gott sich freut, wenn wir aktiv für Heilung beten und uns darin „üben“. Und manchmal erleben wir dabei tatsächlich ein Wunder, das Gott schenkt. Ich möchte dich ermutigen, nicht in der Theorie zu verweilen, sondern aktiv für Heilung zu beten und deinen Glauben dadurch wachsen zu sehen.

In Römer 12,6–8 werden verschiedene Geistesgaben aufgelistet:

„Gott ist gnädig und hat uns unterschiedliche Gaben geschenkt. Hat Gott dir zum Beispiel die Gabe der Prophetie gegeben, dann wende sie an, wenn du überzeugt bist, dass Gott durch dich redet. Besteht deine Begabung darin, anderen zu dienen, dann diene ihnen gut. Bist du zum Lehren berufen, dann sei ein guter Lehrer. Wenn du die Gabe hast, andere zu ermutigen, dann mach es auch! Wer Geld hat, soll es aus freien Stücken und ehrlich mit anderen teilen. Hat Gott dir die Fähigkeit verliehen, andere zu leiten, dann nimm diese Verantwortung ernst. Und wenn du die Begabung hast, dich um andere, die es nötig haben, zu kümmern, sollst du es mit fröhlichem Herzen tun.“

Ohne Praxis bleibt auch in diesem Fall die Theorie nur ein schwacher Abglanz der Fülle, die Gott für uns bereithält. An dieser Stelle betont Paulus, dass auf das Geschenk einer Gnadengabe immer der Ruf zur Anwendung derselben folgt. Gott möchte dich verwenden! Traue dich, auf deine Eindrücke zu hören und danach zu handeln. Mir hilft manchmal die Frage: Was kann im schlimmsten Fall passieren? Die Antwort ist zum Glück meist nicht sonderlich furchterregend.

An dieser Stelle möchte ich dir eine Geschichte erzählen, wie Gott durch mich zu einem anderen Menschen gesprochen hat. Ich war bei einem Gemeinschaftstreffen mit anderen Menschen zum Gebet versammelt und wir bewegten uns dabei frei im Raum. Es kam der Aufruf, sich für den Heiligen Geist zu öffnen und für die Person zu beten, die er uns zeigt. Mein Blick fiel sofort auf eine junge Frau, die ich noch nicht kannte. Mein Herz drängte mich und ich ging hin, fragte, ob ich ihr die Hand auflegen dürfe, und begann zu beten. Gott legte mir in etwa folgende Worte in den Mund: „Ich habe den Eindruck, Jesus möchte dir folgende Worte sagen: ‚Ich danke dir für dein Leid. Das, was du gerade trägst, ist so wertvoll für mich und mindert das Leid eines anderen. Ich liebe dich und bin bei dir.'" Zu diesem Zeitpunkt war ich noch nicht so geübt im Beten für andere und das Aussprechen dieses Eindrucks kostete mich eine riesige Überwindung. Monate später lernte ich die junge Frau in meiner ersten Jüngerschaftsschule kennen, erkannte sie aber nicht. Als wir schließlich beim Hören auf den Heiligen Geist und dem Aussprechen von Gebetseindrücken angelangt waren, teilte sie ihr Zeugnis. Sie hatte damals eine schwere Entzündung der Stimmbänder gehabt, durfte nicht singen und hatte oft Schmerzen beim Sprechen. Sie arbeitete als Kindergärtnerin und liebte es, Musik zu machen. Sie haderte sehr mit Gott wegen dieser Erkrankung und wurde durch dieses Wort, das er ihr in dem vorher erwähnten

Treffen schenkte, so sehr ermutigt. Sie lernte dadurch, dass ihr Leid einen Sinn hatte, wenn Gott es verwenden konnte, um das Leid einer anderen Person zu lindern. Außerdem wurde sie bestärkt in der Botschaft, dass Gott sie sieht, liebt und stützt in dieser schweren Zeit. Als ich diese Verbindung erkannte, musste ich weinen vor Freude, dass Gott mich auf diese Weise gebraucht hatte. Wie schade, wenn ich mich nicht getraut hätte, aus Angst, etwas Falsches zu sagen!

Wenn Gott mit der Kraft des Heiligen Geistes durch dich wirkt, so darf dir bewusst sein, dass du Gottes Werke tust. Es ist nicht dein eigenes Verdienst, wenn tatsächlich etwas passiert. Gott selbst ist es, der für die Auswirkungen deines Dienstes die Verantwortung trägt. Du darfst mutig und konkret beten. Für das Resultat bist nicht du, sondern nur Gott allein verantwortlich. Du bist frei, diese Verantwortung bei Gott zu lassen. Wenn also nichts passieren sollte, dann liegt es nicht an deinem Gebet. In Johannes 14,12 verkündet Jesus:

„Ich versichere euch: Wer an mich glaubt, wird dieselben Dinge tun, die ich getan habe, ja noch größere, denn ich gehe, um beim Vater zu sein."

Es fällt mir manchmal schwer, zu glauben, dass Jesu Werke tatsächlich alle auf diese Weise geschehen sind, wie sie in der Bibel beschrieben werden. Wie viel unglaublicher ist es, selbst noch größere Werke zu vollbringen? Ich kann das unmöglich tun, das ist wahr. Denn nur Gott kann es tun und genau das möchte er! Ich lade dich ein, mit mir gemeinsam zu beten:

»

Herr, du rufst mich hinaus aufs Wasser.
Oft zögere ich und vertraue nicht darauf,
dass du mich wirklich nicht untergehen lässt.
Ich möchte dir heute ganz neu mein Leben schenken
und mich von deinem Heiligen Geist erfüllen lassen.
Danke, dass du mich teilhaben lässt
an deinem Heilsplan für diese Erde.
Danke, dass du mich wachsen lässt
und ich durch deine Gnade eine gute Mutter sein kann.
Lass mich als deine Jüngerin meinen Kindern voranschreiten
und sie nicht nur Theorie, sondern auch die Praxis deines Weges lehren.
Komm, Heiliger Geist! «

5. Mama,

LERNE BETEN!

„Hört nicht auf zu beten."
1. Thessalonicher 5,17

Die letzten vier Kapitel waren vor allem als Investition in deine persönliche Gottesbeziehung gedacht. Gott möchte dich auch gebrauchen, um ein Segen für andere Menschen zu sein. Darauf weise ich mehrmals hin, weil es für mich ein Schlüsselpunkt ist, denn dies geschieht zu einem großen Teil auch durch das Gebet.

Die Gebete meiner Oma und meiner Mama haben einen großen Beitrag zu meinem Lebens- und Glaubensweg geleistet. Wir sind berufen, in unserer Beziehung mit Gott auch für andere einzutreten. Es ist sehr naheliegend und gut, für unsere eigene Familie zu beten. Und doch bedeutet Jüngerschaft auch, über den Tellerrand der Familie hinwegzusehen und größer zu denken.

Wir sind dazu berufen, dafür einzutreten, was Gott selbst auf dem Herzen liegt. Seinen Heilsplan mitzutragen, bedeutet auch, Gebet zu schenken und es von ihm frei verwenden zu lassen. Hierbei kann es sehr viele verschiedene Formen und Rahmen für das Gebet geben. Es kann allein, zu zweit oder auch in größeren Gruppen gesprochen werden. Mittlerweile sind uns räumlich keine Grenzen mehr gesetzt; durch das Internet finden weltweit Gebetstreffen online statt.

Beten, aber wie?

In 1. Thessalonicher 5,17 finden wir folgende Anweisung:

„Hört nicht auf zu beten."

Das hört sich erst einmal nach viel Arbeit an. *„Ohne Unterlass"*, lautet es in der Einheitsübersetzung, also ständig, immer und überall. Das Gebet darf für uns so selbstverständlich werden wie Atmen.

Bevor wir überlegen, wie ständiges Beten im Mama-Alltag Platz finden kann, schauen wir uns an, was Jesus selbst uns über das Gebet lehrt. In Matthäus 6,5–15 erklärt er:

„Und nun zum Beten. Wenn ihr betet, seid nicht wie die Heuchler, die mit Vorliebe in aller Öffentlichkeit an den Straßenecken und in den Synagogen beten, wo jeder sie sehen kann. Ich versichere euch: Das ist der einzige Lohn, den sie jemals erhalten werden.

Wenn du betest, geh an einen Ort, wo du allein bist, schließ die Tür hinter dir und bete in der Stille zu deinem Vater. Dann wird dich dein Vater, der alle Geheimnisse kennt, belohnen.

Plappert nicht vor euch hin, wenn ihr betet, wie es die Menschen tun, die Gott nicht kennen. Sie glauben, dass ihre Gebete erhört werden, wenn sie die Worte nur oft genug wiederholen.

Seid nicht wie sie, denn euer Vater weiß genau, was ihr braucht, noch bevor ihr ihn darum bittet!

So sollt ihr beten: ‚Unser Vater im Himmel, dein Name werde geehrt.

Dein Reich komme bald. Dein Wille erfülle sich hier auf der Erde genauso wie im Himmel.

Schenk uns heute unser tägliches Brot und vergib uns unsere Schuld, wie auch wir denen vergeben haben, die an uns schuldig geworden sind.

Lass nicht zu, dass wir der Versuchung nachgeben, sondern erlöse uns von dem Bösen.‘

Wenn ihr denen vergebt, die euch Böses angetan haben, wird euer himmlischer Vater euch auch vergeben.
Wenn ihr euch aber weigert, anderen zu vergeben, wird euer Vater euch auch nicht vergeben.“

Jesus weist uns auf ein paar wichtige Punkte hin. Unser Gebet soll nicht zu unserer Auszeichnung dienen. Nicht wer mehr, lauter oder schneller betet, hat gewonnen. Ganz im Gegenteil: Wir sollen in die eigene Kammer gehen und die Tür verschließen. Allein in einer Kammer zu beten, scheint für eine Mama manchmal vielleicht wie ein ferner Traum zu wirken. Der Raum, der aber immer zur Verfügung steht, ist die Kammer deines Herzens. Es geht Gott auch nicht darum, wie viele Worte du sprichst.

Aber er legt Wert darauf, von uns persönlich zu erfahren, was wir brauchen, und darum zu bitten. Nicht, weil er ansonsten nicht wüsste, was du brauchst, sondern weil jedes Gespräch mit ihm auch Beziehungspflege und Intimität bedeutet. Bei jedem Gebet möchte Gott dir eine Begegnung mit ihm persönlich schenken. Damit das möglich ist, braucht er dein geöffnetes Herz.

Zu Beginn dürfen wir Gott loben und preisen und in Fürbitte für andere eintreten. Wir beten um das Geschehen seines Willens. Als Nächstes finden wir das Bittgebet um unsere täglichen Bedürfnisse, Vergebung und Schutz. Schließlich drückt das Gebet die Sehnsucht aus, Gott ähnlich zu werden in seinen Eigenschaften und so zu vergeben, wie er selbst es tut.

Das Gebet, wie in der Bibelstelle in Matthäus 6 beschrieben, beginnt also vor allem dort, wo wir zum Einstieg anerkennen, wer Gott ist. Einen besonders guten Anfang für eine Gebetszeit bilden für mich zum Beispiel Lobpreislieder. Gott achtet beim Gebet weniger auf Äußerlichkeiten, sondern vor allem auf die Haltung unseres Herzens. Wenn ich bewusst damit beginne, Gott zu preisen, gelingt es mir besser, den Blick weg von mir und auf ihn zu lenken. Unser Beistand, der Heilige Geist, hilft auch hier. Wo er anwesend ist, erfahren wir eine Atmosphäre des Himmels, und das Gebet taucht unter die Oberfläche von leeren Worten.

Gott schenkt uns Verantwortung. Als Jesus uns das Beten lehrte, betonte er, erst unseren Schuldnern die Schuld erlassen zu müssen, bevor Gott auch uns die Schuld erlässt. Wir sind aufgefordert, aktiv Gottes Willen zu befolgen und ihm in seinen Taten nachzueifern. Er möchte uns immer mehr nach Christi Beispiel formen und dazu fordert er unsere Mitarbeit ein.

In Matthäus 7,7 lesen wir:

„Bittet, und ihr werdet erhalten. Sucht, und ihr werdet finden. Klopft an, und die Tür wird euch geöffnet werden."

Eine gewaltige Zusage! Ich bin davon überzeugt, dass Gott jedes noch so kleine Gebet hört. Ob und wie er es jedoch erhört, kann von verschiedenen Faktoren abhängen. Manchmal scheitert ein Gebet an der Motivation des Betenden. Wenn ich aus purem Egoismus um etwas bete, wird Gott wahrscheinlich nicht mit einer sofortigen Erhörung meinen Egoismus fördern. Wenn ich aus Rachsucht um den Schaden einer anderen Person bete, so wird es ähnlich enden. Er lässt sich nicht für unsere Zwecke missbrauchen.

Gott liebt es, uns zu lehren und zu erziehen wie ein liebevoller Vater. Dazu gehört auch, dass wir nicht immer alles bekommen können, was wir jetzt im Augenblick wollen. Vielmehr aber möchte er uns alles schenken, was wir brauchen. Auch wenn wir dazu neigen, das anzuzweifeln, weiß Gott am allerbesten, was wir wirklich brauchen.

Unseren Kindern bringen wir bei, Bitte, Danke und Entschuldigung zu sagen. Und das nicht nur, weil es sich nun mal so gehört. In diesen einfachen Worten steckt so viel mehr. Ich möchte meinem Kind liebend gern etwas zu trinken geben, und doch stößt es mir sauer auf, wenn es mich anbrüllt und ein Glas Wasser verlangt. „Kann ich bitte ein Glas Wasser haben?", bewirkt hingegen Freude und Stolz in mir.

Etwas finden kann vor allem der, der sucht. Wenn ich nicht anklopfe, stehe ich vielleicht den ganzen Tag vor einer verschlossenen Tür. Das Bitten scheint der Schlüssel zu sein, damit Gott uns etwas schenken kann, das er schon lange für uns bereithält. Auch hier zeigt sich einmal mehr, dass Gott sich nicht aufdrängt.

Doch wie soll das nun praktisch funktionieren mit dem Gebet ohne Unterlass?

Der Philosoph Paul Watzlawick hat den berühmten Satz begründet:

„Man kann nicht nicht kommunizieren!"

Wie wir bereits festgestellt haben, heißt Gebet, mit Gott zu kommunizieren. Wie schön wäre es, wenn wir es schaffen würden, diesen Satz auch für das Beten zu übernehmen? Man kann nicht nicht beten – klingt doch hervorragend!

Gebet ohne Unterlass kann dort stattfinden, wo ich mich öffne für den Heiligen Geist. Aus eigener Kraft werde ich es nie schaffen, unablässig in Kommunikation mit Gott zu sein. Doch wie auch die Kommunikation unter uns Menschen zeigt sich Gebet in allem, was wir tun. Es kann eine Form des Gebets sein, wenn ich mit Liebe und Geduld meinem Kind erkläre, warum wir andere nicht hauen. Auch das Aufhängen der Wäsche, Staubsaugen und selbst das Kloputzen kann zur größeren Ehre Gottes geschehen.

Weil wir Menschen oft eine begrenzte Kapazität haben, etwas aus eigener Willenskraft durchzuhalten, können wir uns mit kleinen Tricks Abhilfe verschaffen. Zumindest in meinem konkreten Fall muss ich zugeben, dass ich gute Strategien und Hilfsmittel brauche, um bleibende Gewohnheiten beziehungsweise einen Lebensstil zu kultivieren. Schaffe dir Möglichkeiten, Gott in deinem Wohnraum an verschiedenen Orten zu begegnen, zum Beispiel mit kleinen Notizen, einem Kreuz, Bildern, Bibelkarten oder ähnlichen Materialien. Je öfter du an Gottes Gegenwart erinnert wirst, umso leichter wird es dir fallen, darin zu leben und zu bleiben.

Gott erwartet von dir als Mama keine tägliche Stille Zeit von zwei Stunden. Das ist kaum realistisch und führt schnell zu Überforderung und Enttäuschung. Vielmehr glaube ich, dass Gott sich wünscht, mit dir durch den Alltag zu gehen und in deinem Herzen immer eine offene Tür zu finden. Wenn du einen Lebensstil erlernst, in welchem du ganz durchlässig bist für Gott und seine Liebe, dann erfüllst du das Wort, niemals aufzuhören zu beten.

Gebetsarten

Im Katechismus der Katholischen Kirche werden fünf Arten des Gebetes etwas näher beschrieben. Diese sind: Anbetung, Bittgebet, Fürbittgebet, Dankgebet und Lobgebet. Auf den nächsten Seiten möchte ich dich einladen, diese kennenzulernen und natürlich auch praktisch in deinem Alltag umzusetzen. Vieles wird dir wahrscheinlich schon bekannt sein, darum ermutige ich dich, besonders das auszuprobieren, was neu für dich ist.

Dafür findest du im anschließenden Teil „Ideentopf für kreatives Beten“ einige Vorschläge, die dir als Inspiration dienen können, wie du eine Gebetszeit gestalten kannst. Ich lade dich ein, sie zu nutzen und dich von Gott überraschen zu lassen, auf wie viele unterschiedliche Arten du mit ihm kommunizieren kannst!

Anbetung

In Lukas 4,8 finden wir die Reaktion Jesu auf die Versuchungen des Teufels:

„Jesus erwiderte: ‚In der Schrift steht: ›Du sollst den Herrn, deinen Gott, anbeten und nur ihm allein dienen.‹‘“

Das ist, was es heißt, Gott anzubeten. Ihn als alleinigen Herrscher über mein Leben und die ganze Welt anzuerkennen. Sich seiner Gnade auszuliefern und ehrfürchtig die Abhängigkeit von ihm anzunehmen. Dies geschieht in der katholischen Kirche vor allem im Rahmen der eucharistischen Anbetung, wenn wir vor der Einnahme von Brot (oder Hostie) und Wein in der Gegenwart Jesu verweilen. Die Anbetung an sich reicht aber meiner Meinung nach weit darüber hinaus mitten in meinen Alltag hinein. Es ist eine Lebenshaltung, die ich mehr und mehr einnehmen kann, um in seinem Licht zu leben.

Im Katechismus finden wir im Paragraph 2097 folgende Beschreibung:

„Gott anbeten heißt, in Ehrfurcht und absoluter Unterwerfung die ‚Nichtigkeit des Geschöpfs' anzuerkennen, welches einzig Gott sein Dasein verdankt. Gott anbeten heißt, wie Maria im Magnificat, ihn zu loben, ihn zu preisen und sich selbst zu demütigen, indem man dankbar anerkennt, dass er Großes getan hat und dass sein Name heilig ist. Die Anbetung des einzigen Gottes befreit den Menschen von der Selbstbezogenheit, von der Sklaverei der Sünde und der Vergötzung der Welt."

Nicht dort, wo wir uns klein machen und uns selbst herabsetzen, geschieht Anbetung. Nur dort, wo wir Gott erheben, sind wir wahrhaftig demütig! Sich dieser Wahrheit hinzugeben und den Blick ganz auf ihn zu lenken, ist auch das, was wir im sogenannten kontemplativen Gebet machen. Dadurch lenken wir den Blick weg von uns und hin zu Gott. Unser Herz ist geschaffen, um anzubeten. Ich stelle mir das so vor wie bei einer Untertasse: Sie hat eine Vertiefung eingeprägt, die erst dann wirklich Sinn macht, wenn die dazugehörige Tasse darin steht. Jeder betet irgendetwas oder irgendjemanden an, auch wenn es vielen nicht bewusst ist. Es ist in jeden Menschen hineingelegt und in der Welt deutlich sichtbar. Dort, wo unsere Anbetung nicht Gott gilt, versuchen wir ihn zu ersetzen, zum Beispiel mit schnellen Autos, Sport, neuer Kleidung oder der perfekten, gesunden Ernährung.

Gott steht über meinen Wäschebergen, schlaflosen Nächten, meiner Energie, meinem Egoismus und meinen Sorgen. Das mache ich mir im Alltag bewusst. Vor allem dann, wenn ich mit übertriebenem Ärger auf etwas reagiere, frage ich mich, was ich gerade anbete. Denn oft liegt es nicht wirklich am zu kurzen Mittagsschlaf der Kinder. Sie haben damit meine kostbare Freizeit gestört, die ich in diesem Moment über Gott gestellt und angebetet habe. Das ist natürlich etwas überspitzt ausgedrückt, denn alle diese Bereiche haben auch ihre Berechtigung und dürfen sein. Wie ich diese oft knappe Zeit fülle, die mir zur Verfügung steht, zeigt mir aber, was ich anbete.

Geht es mir um meinen Komfort, meine Entspannung und meinen Spaß? Geht es mir um das perfekte Haus, um vor anderen angeben zu können? Geht es mir um die perfekte Ernährung, weshalb ich zwei Stunden zum Kochen brauche?

Erst wenn Gott an erster Stelle steht, gelingt es mir, auf Unterbrechungen angemessen und liebevoll zu reagieren. Das schließt keineswegs aus, meinen Kindern auch meine eigenen Grenzen aufzuzeigen. Als Mama muss ich nicht immer sofort aufspringen und alles stehen und liegen lassen, wenn ein Kind nach mir ruft. Dem Alter des Kindes und der Dringlichkeit der Situation entsprechend ist es völlig in Ordnung, zum Beispiel auch mal zu antworten: „Mama macht XY (zum Beispiel einen Kaffee trinken) noch in Ruhe fertig, dann komme ich sehr gerne und schaue mir deine Zeichnung an." Der Unterschied liegt darin, ob ich mein Kind entnervt anbrülle oder liebevoll und bestimmt eine Grenze setze. Es ist ein Lernprozess, der mich nun schon einige Jahre begleitet!

Welchen Platz hat Gott in deinem Leben? Schenkst du ihm etwas von deiner kostbaren Zeit, die du zur Verfügung hast? Suchst du die Begegnung mit ihm ganz am Anfang oder erst am Ende deiner freien Zeit? Überlege ein paar Minuten und mache dir Notizen. Bring ihm dann deine Antwort im Gebet dar.

Bittgebet

Im Katechismus wird in Paragraph 2632 betont:

„Gemäß der Lehre Jesu steht im Mittelpunkt des christlichen Bittens das Verlangen und die Suche nach dem Reich Gottes."

Unser Bittgebet umfasst alles, wobei wir unsere eigenen Nöte und Bedürfnisse ausdrücken.

Wenn ich Gott um etwas bitte, mache ich mich von ihm abhängig und gestehe mir ein, Gott in meinem Leben zu brauchen. Darunter fallen alle Anliegen, die meine Person betreffen, zum Beispiel wenn ich Gott bitte, mich zu versorgen, mir zu vergeben oder mich von einer bestimmten Krankheit oder einem Schmerz zu heilen. Auch wenn ich in bestimmten Situationen sein Eingreifen erbete, zählt das zum Bittgebet.

In Johannes 16,23 verspricht uns Jesus:

„Wenn es so weit ist, werdet ihr mich um nichts mehr bitten müssen. Ich versichere euch: Dann könnt ihr selbst zum Vater gehen und ihn bitten, und er wird eure Bitte erfüllen, weil ihr in meinem Namen bittet.“

Er weist uns damit darauf hin, in seinem Namen bitten zu dürfen. Durch Jesus Christus können wir vor Gott kommen, weil er unsere Schuld bezahlt hat. Er ist der Weg zum Vater, so dürfen wir auch im Gebet im Namen Jesu bitten.

Im Alltag als Mama bitte ich vor allem um seine Liebe, gute Nerven, Gelassenheit und Geduld. Immer wieder, wenn ich merke, dass ich Gott verdrängt habe, bitte ich ihn um Vergebung und lade ihn erneut ein, an erster Stelle zu stehen.

Worum möchtest du Gott heute bitten? Überlege ein paar Minuten und mache dir Notizen. Bring ihm dann deine Bitten im Gebet dar.

Fürbittgebet

Dem Fürbittgebet möchte ich hier besondere Beachtung schenken, denn es ist einer der entscheidenden Faktoren im Heilsplan Gottes. Hier sind wir gerufen, sein Reich mitzubauen und füreinander zu beten. Die Fürbitte lenkt den Blick weg von den eigenen Sorgen und Nöten und erstreckt sich auf alle anderen Menschen, sogar jene, die uns feindlich gesinnt sind.

Im Katechismus, im Paragraph 2635, ist das folgendermaßen beschrieben:

„Jedes Herz, das in die Barmherzigkeit Gottes miteinstimmt, tritt, seit Abraham, für die andren ein und bittet für sie. In der Zeit der Kirche hat die Fürbitte der Christen an der Fürbitte Christi teil; sie ist Ausdruck der Gemeinschaft der Heiligen. In der Fürsprache achtet der Beter ‚nicht nur auf das eigene Wohl, sondern auch auf das der anderen' (Phil 2,4) – ja, er betet sogar für die, die ihm Böses zufügen."

Die Fürbitte ist also der Blick über den eigenen Tellerrand hinaus, wenn es um das Gebet geht. In die Fürbitte einzutreten, heißt auch, Gott unser Gebet zur Verfügung zu stellen, um damit sein Reich auf der Erde aufzubauen. Es bedeutet, unser Herz brechen zu lassen für alles, was sein Herz bricht. Mehr noch, die Fürbitte lehrt uns, in Gemeinschaft vor dem Herrn zu stehen. Gott möchte, dass wir als Menschen füreinander beten und dadurch Christus ähnlich werden als Fürsprecher.

Besonders schön ist es auch, die Fürbitte in einer kleinen oder größeren Gruppe gemeinsam auszuüben. In der Familie bedeutet dies, im gemeinsamen Gebet einen Teil zu reservieren, in dem man für die Anliegen Gottes und andere Menschen eintritt. Wie schön, wenn unsere Kinder von Anfang an mitbekommen, dass wir für die Nachbarin beten, die uns gestern nachgeschimpft hat, oder für einen Freund, der sich in der Schule schwertut.

Wir treten als Familie im Gebet ein für alle Menschen, die krank sind oder leiden. Wir bitten Gott um Zuversicht für alle Einsamen und Trostlosen und noch so vieles mehr. Damit helfen wir unseren Kindern, ein weites Herz zu kultivieren, durch das Gott seine Liebe in diese Welt ausgießen kann.

Bitte Gott um seinen Heiligen Geist und darum, dir zu offenbaren, wofür du heute in der Fürbitte eintreten sollst. Notiere dir deine Eindrücke und verwende sie für deine Gebetszeit.

Dankgebet

Paulus ermutigt uns wiederholt zum Dank, so auch in Epheser 5,20:

„Und dankt Gott, dem Vater, zu jeder Zeit für alles im Namen unseres Herrn Jesus Christus."

Hierzu steht im Katechismus, in Paragraph 2648:

„Jede Freude und jede Not, jedes Ereignis und jedes Bedürfnis können Inhalt der Danksagung sein, die an der Danksagung Christi teil hat und das ganze Leben erfüllen soll."

Schön finde ich hier vor allem, dass auch Bedürfnisse, unsere Not oder Herausforderungen im Dankgebet ihren Platz finden können. Es verdeutlicht die Möglichkeit, auch für das Kreuz in unserem Leben dankbar sein zu dürfen, denn das führt uns näher zu Christus. Ein Leben in Dankbarkeit zu führen, empfinde ich als einen großen Segen. Ich kann all das Gute in meinem Alltag für selbstverständlich nehmen, oder ich kann dankbar sein für die vielen kleinen Situationen, die gut laufen: ein freier Parkplatz, wenn ich in Eile bin. Ein gutes Essen, wenn ich hungrig bin. Ein liebes Wort. Ein nettes Lächeln. Eine Dusche. Sonnenschein. Wolken. Das Spiel meines Kindes zu beobachten. Ich könnte vermutlich die nächsten fünf Seiten vollschreiben mit den kleinen Freuden des Alltags. Was zählt, ist, sich diese auch bewusst zu machen und Gott dafür zu danken.

Ein dankbares Herz zu kultivieren, hilft mir auch, an herausfordernden Tagen einen positiven Blick zu bewahren und mich nicht in einen Strudel der Hoffnungslosigkeit und Erschöpfung ziehen zu lassen. Die Dankbarkeit hilft uns, eine Ermutigung für andere zu sein, die an uns womöglich ein Beispiel sehen und auch in ihrem Leben dankbar werden für scheinbar Selbstverständliches. Dazu gehören „banale“ Aktivitäten, wie sich selbstständig bewegen oder jederzeit ein Glas Wasser trinken zu können.

Wofür bist du Gott dankbar? Überlege ein paar Minuten und mache dir Notizen. Bring ihm dann deinen Dank im Gebet dar.

Lobgebet

In Epheser 5,19 fordert uns Paulus auf:

„Singt miteinander Psalmen und Lobgesänge und geistliche Lieder, und in euren Herzen wird Musik sein zum Lob Gottes.“

Besonders im Lobgebet rufen wir den Heiligen Geist an und vereinen uns mit ihm im Lob des Herrn. Er selbst gibt uns oft ein, wie wir den Herrn preisen sollen, zum Beispiel auch im Sprachengebet.

Im Katechismus, in Paragraph 2649, wird das Lobgebet folgendermaßen definiert:

„Das ganz uneigennützige Lobgebet richtet sich auf Gott. Es preist ihn um seiner selbst willen; es verherrlicht ihn, nicht nur wegen seiner Taten, sondern weil er ist."

Das Lobgebet richten wir auch gerne in Form von Liedern an Gott, da uns die Musik auch dabei hilft, unser Herz zu Gott zu erheben. Aus vollem Herzen singen und jubeln, das können wir auch gut mit unseren Kindern einüben. „Laut, falsch und mit Begeisterung!", pflegt man bei uns zu sagen, wobei das Entscheidende die Begeisterung ist.

Wie und wer ist Gott für dich? Überlege ein paar Minuten und mache dir Notizen. Sprich deine Erkenntnisse aus und versuche, sie Gott als Lob darzubringen.

Ideentopf für kreatives Beten

Hier findest du noch einige Anregungen und Ideen für weitere Formen des Gebetes, die du in deinem Alltag ausprobieren kannst. Es ist keine Liste, die du abarbeiten sollst, sondern vielmehr eine Galerie, aus der du auswählen kannst, was dein Herz anspricht und dich zum Gebet inspiriert.

Male ein Bild
Gestalte für Gott ein Bild. Verwende Materialen, die dir Freude machen. Wenn du möchtest, kannst du deine Kinder mitmachen oder ein eigenes Bild machen lassen. Sei kreativ und lass dich vom Heiligen Geist inspirieren!

Schreibe einen Brief oder ein Gedicht
Schreibe einen Brief an Gott, worin du dein Gebet festhältst. Beschreibe, wer er für dich ist und warum du ihn suchst. Halte fest, wie es dir gerade geht und wo du in deinem Leben sein Wirken wahrnimmst. Drücke aus, was du von ihm ersehnst. Verschließe den Brief und bewahre ihn auf. Wenn du das Buch fertig gelesen hast, kannst du ihn öffnen und noch einmal lesen.

Singe ein Lied
Suche dir ein Lobpreislied aus oder versuche dich im freien Gesang. Aktuell berührt mich das Lied „Der mich sieht“ von YADA Worship

sehr. Als Mensch und Mama trifft es meine tiefste Sehnsucht, gesehen und geliebt zu werden. Für Tanzpartys und Stimmungstiefs schalte ich gerne das Lied „Frei Sein" von der Outbreakband ein. Tauch ein in den Lobpreis und lasse dich vom Heiligen Geist leiten. Wenn dir Worte in den Sinn kommen, kannst du sie auch niederschreiben und selbst ein Lied daraus machen. Wenn du ein Instrument spielst, setze es ein, um Gott zu preisen.

Nutze deinen Körper

Drücke dein Lob mit deinem Körper aus. Fühl dich frei, zu tanzen oder einfach deine Arme nach Gott auszustrecken. Knie dich hin, hüpfe oder lege dich flach auf den Boden. Es gibt so viele Möglichkeiten, durch unseren Körper das Gebet mitzugestalten.

Besonders hilfreich und gut umsetzbar ist das Beten mit der Atmung im Alltag. Das kann zum Beispiel so aussehen: Atme aus mit dem Gedanken: „Jesus, ich kann nicht." Dann atme wieder ein mit dem Gedanken: „Jesus, du kannst!"

Handlettering

Handlettering ist ganz im Trend der Zeit und sehr meditativ. Bete um den Heiligen Geist und öffne die Heilige Schrift. Wähle den Vers, der dich sofort anspricht, und gestalte ihn in deinem Gebetsjournal, auf einer Karte oder einem leeren Blatt Papier. Versuche, mit deiner Schrift zu experimentieren, und lasse deiner Fantasie freien Lauf, wie du den Vers aufs Papier bringen kannst.

Lass los und empfange

Halte deine Hände mit der Handfläche nach unten und sprich alles aus, was du an Gott abgeben möchtest. Bringe vor ihn, was dich von ihm trennt oder was dich gerade bedrückt.

Drehe dann deine Handflächen nach oben und empfange seine Liebe und Gnade. Lass dich beschenken und empfange mit offenen Händen, was er dir gibt. Bitte auch konkret um das, was du jetzt gerade brauchst.

Besuche oder gründe eine „Mütter beten"-Gruppe
„Moms in Prayer International" ist eine überkonfessionelle Gebetsbewegung, die Mütter ermutigt, für ihre Kinder und deren Schulen zu beten. In einer wöchentlichen Gebetsstunde werden dabei alle Sorgen und Nöte rund um die Kinder in Gottes Hand gelegt. Das gemeinsame Gebet stärkt den Glauben. Die Vision der Organisation ist es, alle Kinder dieser Welt im Gebet zu tragen.

24/7-Gebet zu Hause
Eine weitere Möglichkeit ist, in deinem Heim einen Bereich einzurichten, der Gott gewidmet ist und stets zum Gebet einlädt. Das kann eine Hauskapelle sein, eine Gebetsecke, ein Kreuz oder Ähnliches. Diesen Bereich für Gott zu gestalten, heißt, dass er bei euch zu Hause stets willkommen ist. Eine vorbereitete Gebetsecke lädt dazu ein, zu verweilen, und gibt dir einen festen Ort, an dem du mit und für deine Familie beten kannst. Es ist der Ort, wo du für deine Kinder im Gebet kämpfst und dich von Gott stärken lässt. Es kann auch ein Ort sein, der einlädt zu einem Gespräch über den Glauben, wenn du Besuch hast.

Familiengebetszeit
Falls es in eurer Familie bereits ein gemeinsames Gebet gibt, so lade ich dich ein, immer wieder etwas Neues auszuprobieren. Falls ihr noch keine gemeinsame Gebetszeit habt, ermutige ich dich, dafür den Anstoß zu geben. Es ist sehr hilfreich, dafür eine fixe Routine einzuführen. Einen Ort, eine Uhrzeit oder einen groben Ablauf, an dem ihr euch orientieren könnt. Je nach Alter der Kinder können Dauer und Inhalt natürlich variieren. Es ist schön, wenn ihr verschiedene Gebetsformen miteinbezieht.

Beginnt zum Beispiel die Gebetszeit mit dem Kreuzzeichen und einem Lobpreislied. Dabei kann jeder auch sein erlerntes Instrument einbringen. Auch mit kleinen Kindern recht gut umsetzbar ist das Aussprechen von Dank- und Bittgebet in der Tagesreflexion. Was lief an diesem Tag besonders gut und worum möchtet ihr Jesus bitten? Hier könnt ihr sehr gut den Aspekt der Fürbitte einbringen und auch für Personen oder Anliegen außerhalb der Familie beten. Endet mit einem Vaterunser oder einem anderen Gebet und segnet einander vor dem Zubettgehen.

Natürlich lässt sich nicht alles auf einmal umsetzen und das muss es auch gar nicht. Bitte Gott, dir zu zeigen, welchen Schritt er mit dir und deiner Familie als Nächstes gehen möchte. Notiere *eine* Form des Gebets, die Gott dir für die nächste Zeit besonders aufs Herz legt. Überlege dir auch, welche Rahmenbedingungen es braucht, damit es in eurem Familienalltag gelingen kann.

6. Mama,

DU BIST NICHT ALLEIN

„Der menschliche Körper hat viele Glieder und Organe, doch nur gemeinsam machen die vielen Teile den einen Körper aus. So ist es auch bei Christus und seinem Leib."
1. Korinther 12,12

Als Menschen sind wir geschaffen für Gemeinschaft. Dadurch kann Gott uns lehren und durch unsere Geschwister beschenken. So verdeutlicht es Paulus in 1. Korinther 12,27:

„So bildet ihr gemeinsam den Leib von Christus, und jeder Einzelne gehört als ein Teil dazu."

Sosehr unsere Verschiedenheit uns oft herausfordert, so liegt genau darin auch ein großer Segen. Stell dir vor, Christus hätte einen Leib aus Millionen Augen, aber keine Ohren. Das würde nicht nur furchtbar aussehen, sondern auch niemals funktionieren. Nach Gottes Plan brauchen wir Menschen einander. Vieles, was wir von Gott erhalten, vermittelt er uns durch andere Glieder im Leib Christi. Wir können voneinander lernen, füreinander da sein und miteinander im Reich Gottes arbeiten.

Im frühen Christentum sah dies laut Apostelgeschichte 2,44–47 folgendermaßen aus:

„Alle Gläubigen kamen regelmäßig zusammen und teilten alles miteinander, was sie besaßen. Sie verkauften ihren Besitz und teilten den Erlös mit allen, die bedürftig waren. Gemeinsam beteten sie täglich im Tempel zu Gott, trafen sich zur Mahlfeier in den Häusern und nahmen gemeinsam die Mahlzeiten ein, bei denen es fröhlich zuging und großzügig geteilt wurde. Sie hörten nicht auf, Gott zu loben, und waren bei den Leuten angesehen. Und jeden Tag fügte der Herr neue Menschen hinzu, die gerettet wurden."

Durch die Sünde aber fällt es uns schwer, diese gottgewollte Gemeinschaft zu leben. Streit, Missgunst, Vergleichen, Verurteilung und böse Worte finden ihren Weg in unsere Mitte beinahe unbemerkt und wie von selbst. Auch dann, wenn wir das eigentlich nicht wollen. Unsere menschliche Natur strebt seit dem Sündenfall nach dem, was wir nicht haben (können). Selbst in dieser nach einer Utopie klingenden Beschreibung des frühen Christentums dauerte es nicht lange, bis sich einzelne Mitglieder von der Gemeinschaft abwandten und ihren eigenen Vorteil suchten (vgl. Apostelgeschichte 5,1–11).

Wir befinden uns in einem jahrhundertelangen Wettbewerb und zerstören darüber die Gemeinschaft, die Gott für uns erträumt hat. „Schneller, höher, weiter!", ruft die Welt da draußen und auch vor den christlichen Gemeinschaften macht diese Stimme nicht halt. Wer wohl fleißiger betet oder öfters die Kirche besucht? Wer hat denn letztens beim Gemeindekaffee wieder keinen Kuchen mitgebracht, und wessen Kinder waren am bravsten in der Kirche? Hat mich der Pfarrer etwa schief angesehen, weil ich heute nicht mitgesungen habe?

Es reicht bereits eine klitzekleine Frage, die sich in unseren Hinterkopf einschleicht, und schon ist die Gemeinschaft vergiftet. Alle Menschen haben Probleme und sind Sünder, dessen dürfen wir uns bewusst sein. Ohne das Kreuz Jesu wäre niemand von uns vor Gott gerecht. Wir alle sitzen im selben Boot und sollten daher ganz erleichtert sein, dass wir nicht in allem auf derselben Seite stehen. Verschiedene Meinungen, Charaktere und Sichtweisen bereichern eine Gemeinschaft. Eine gute Diskussion, in der wertschätzend kommuniziert wird, kann sehr viel produktiver sein als hundert gedankenlose Zustimmungen.

Schon in einer Gruppe Einheit zu finden, ist eine große Herausforderung. Doch Gott möchte noch so viel mehr von uns. Durch seinen Geist dürfen wir seinen Willen erkennen und seine Wege lernen. Niemand aber kann dies allein oder nur in einer Gruppe tun. Es braucht die Gemeinschaft aller, um nach Gottes Willen zu leben. Jede Gemeinschaft hat besondere Stärken und Schwächen. Wenn wir uns also abkapseln und aufhören, Beziehungen zu bauen, so trennen wir uns ebenso von Gott.

Ich werde nie vergessen, was Kardinal Christoph Schönborn einmal über Jüngerschaft und Gemeinschaft sagte: „It's all about friendship!", äußerte er bescheiden und lächelte ein wenig verschmitzt. Wahre Freundschaft erträgt Unterschiede, Ehrlichkeit und Differenzen, denn ihr Herzstück ist die Zuneigung.

Wir sind aufgerufen, einander nicht nur zu erdulden oder nebeneinander zu existieren, sondern sogar zu lieben. In Johannes 13,34–35 trägt uns Jesus auf:

„So gebe ich euch nun ein neues Gebot: Liebt einander. So wie ich euch geliebt habe, sollt auch ihr einander lieben. Eure Liebe zueinander wird der Welt zeigen, dass ihr meine Jünger seid."

Einmal mehr dürfen wir erkennen, dass wir das aus unserer menschlichen Kraft heraus nicht schaffen können. Ich traue mich, zu behaupten, niemanden zu hassen. Aber davon, alle Menschen so zu lieben, wie Jesus uns liebt, bin ich meilenweit entfernt. Ich kann es unmöglich tun. Aber Gott kann es! Und er möchte es durch dich und mich tun, wenn wir seinem Willen in unserem Leben folgen.

»

„It's all about friendship!"

Kardinal Christoph Schönborn

«

Gott kann dieses Miteinander schenken. Aber auch dafür braucht es meine aktive Mitarbeit. Ich muss mich entscheiden, in seiner Liebe zu bleiben, und dieser Entscheidung dann auch Taten folgen lassen. Es reicht nicht, nur in der Theorie zu lieben. Wahre Liebe drängt uns, in unseren Taten und Worten Ausdruck zu finden. Wenn ich also mit einer Person ein Problem habe, so kann ich Gott um diese Liebe bitten. Ich bin aber ebenso gerufen, Probleme anzusprechen, zu klären und mein Verhalten dieser Person gegenüber von Liebe leiten zu lassen, auch wenn ich sie nicht fühle.

Beziehungen zu Nicht-Christen

Gott arbeitet selbst (oder manchmal sogar gerade) durch Beziehungen zu Nicht-Christen an uns. Besonders Freundschaften helfen uns dabei, einen objektiven Blick zu bewahren und reflektiert auf unser Leben zu blicken. Wie wir bereits erkannt haben, möchte uns Gott in der Welt gebrauchen wie Sauerteig im Brot. Wenn ich nun Sauerteig bin und mich nur mit Sauerteig umgebe, verliere ich meinen Sinn. In Apostelgeschichte 13,47 steht:

„Denn so lautete der Auftrag des Herrn: ‚Ich habe dich zum Licht für die Völker gemacht, um der ganzen Welt die Erlösung zu verkünden.'"

Ich pflege einige Freundschaften zu Nicht-Christen, die mir sehr viel bedeuten. Es sind Menschen, bei denen ich mich öffnen und ich ganz ich selbst sein kann. Wo ich meine Masken ablegen darf und auch mein Glaube wertgeschätzt und als Teil von mir angenommen wird – auch dann, wenn er nicht geteilt wird. Diese Beziehungen waren mir auf meinem bisherigen Weg schon oft Freude, Stütze und Halt.

Unterschätze nicht, was du von jemandem lernen kannst, der nicht an Jesus glaubt. Dein Glaube ist ein Geschenk, eine Gnade Gottes und kein persönliches Verdienst. Vergiss das nie! Du darfst einstehen für deine Freunde, die nicht an Gott glauben (können). Regelmäßig bespreche ich mit Jesus, dass ich meine Lieben mit in den Himmel nehmen möchte. Was du immer tun kannst, ist, für sie zu beten und sie Gott anzuvertrauen. Gott hört dein Gebet!

Es gibt allerdings auch Beziehungen, die uns nicht guttun und auf lange Sicht zerstörerische Auswirkungen haben. Merkmale für eine solche Beziehung sind beispielsweise das Gefühl, mich verbiegen zu müssen oder nicht offen über mein Inneres sprechen zu können. Wenn ich das Gefühl habe, mich für meinen Glauben schämen zu müssen, und meine Sichtweise nicht offen ansprechen kann. Wenn ich mich nach einem Treffen jedes Mal schlecht fühle. Manchmal kann eine klare Aussprache hilfreich sein und wirklich etwas verändern. Es kann aber auch sein, dass es notwendig ist, eine Beziehung hinter sich zu lassen.

In 1. Korinther 15,33 (EÜ) steht:

„Lasst euch nicht irreführen! Schlechter Umgang verdirbt gute Sitten."

Das bedeutet nicht, sich aus der Welt zurückzuziehen, sondern auf eine Balance zu achten, die uns das Leben in der Welt und in der Kirche verbinden lässt. Jesus selbst hat die Nähe der Sünder gesucht. Zu seiner Zeit hat er sich sogar mit dem damaligen „Abschaum" der Gesellschaft umgeben und ihnen nicht in erster Linie „gepredigt", ganz im Gegenteil: Wir lesen von Gastfreundschaft, gutem Essen und Gemeinschaft. Davon können wir lernen, denn möglicherweise ist genau das die Art von „Predigt", die die Herzen der Menschen für Gott gewinnen kann.

Es braucht eine Balance beider Welten, um eine Brücke sein zu können zwischen Christen und Nicht-Christen. Auch wenn du zwischen Gott und einem Menschen eine Brücke sein möchtest, ist es wichtig für dich, bei Gott und den Menschen einen „Brückenpfeiler" stehen zu haben. Das heißt, eine gute, feste Verbindung in beide Richtungen aufzubauen und zu pflegen, kommt immer vor dem Bau und Beschreiten der Brücke.

Jeder Bereich meines Lebens hat auch einen Einfluss auf mich. Wenn ich mich den ganzen Tag nur mit Menschen umgebe, die negativ sprechen, jammern und schlecht gelaunt sind, wird mich das ebenfalls mit der Zeit herunterziehen. Dieses Verhalten gibt es ebenso bei Christen wie bei Nicht-Christen. Von Jesus können wir auch lernen, immer wieder den Rückzug in die Gemeinschaft mit Gott oder anderen eng befreundeten Christen zu suchen. Das hilft uns dabei, aufzutanken und im Glauben stark zu werden. Und das ist notwendig, wenn wir in der Welt unterwegs sind.

Prüfe deine Beziehungen und lege Menschen in deinem Leben, die dich herausfordern oder dir nicht guttun, in Gottes Hand. Unternimm dort, wo es notwendig und sinnvoll ist, Schritte, um auf die Person zuzugehen. Lass dort los, wo du merkst, dass es nicht deine Aufgabe ist, Freundschaft aufzubauen oder zu erhalten. Manchmal liegt Veränderung nicht in deiner Hand, obwohl du viel investierst.

Mann und Frau

In Matthäus 19,4–6 lesen wir dazu:

„,Wisst ihr nicht, was in der Schrift steht?', erwiderte Jesus. ,Dort steht, dass ›der Schöpfer die Menschen als Mann und Frau schuf‹. Und es heißt weiter: ›Deshalb wird ein Mann Vater und Mutter verlassen und sich an seine Frau binden und die beiden werden zu einer Einheit.‹ Dann sind sie also nicht mehr zwei, sondern eins, und niemand soll sie mehr trennen, denn Gott hat sie zusammengebracht.'"

Wenn du verheiratet bist, ist eine der wichtigsten Beziehungen in deinem Leben, die du je haben wirst, die zu deinem Mann. Er ist nicht nur der Vater deiner Kinder, sondern noch viel mehr als das. Sind die Kinder einmal außer Haus, wird er bleiben, und ihr werdet gefordert sein, noch immer ein Paar zu sein. Deine Ehe ist ein großes Zeugnis der Liebe Gottes und verdient in deinem Leben nach Gott oberste Priorität. Immer wieder wird in der Schrift Christus als Bräutigam beschrieben, der die Kirche liebt wie eine Braut. Was für ein aussagekräftiges Bild! Wie du deine Ehe lebst, wie du deinen Mann liebst, offenbart also etwas von dem, wie sehr Gott die Menschen liebt. Eure Beziehung darf leuchten und wärmen wie ein warmes Kaminfeuer im Winter. Ist es nicht schön, wenn es knistert? Ich ermutige dich: Investiere in deine Ehe!

Bei unserem Hochzeitsmahl hatten wir hinter unserem Sitzplatz eine Girlande aufgehängt. „JUST MARRIED" steht darauf. Wir haben sie über unserem Bett aufgehängt und planen, sie dort bis ans Ende unseres Lebens hängen zu lassen. Jeden Tag neu wollen wir uns dieses Versprechen geben und uns lieben. Die Girlande erinnert uns an diesen besonderen Tag und unseren Bund.

In der Ehe beschenkt uns Gott auch mit den Unterschieden von Mann und Frau. Der Widersacher aber verwendet genau diese Punkte, um einen Keil zwischen uns zu treiben. Bereits am Beispiel der Kommunikation können wir eindeutig verschiedene Herangehensweisen feststellen. Wir Frauen möchten manchmal einfach nur unser Herz ausschütten und sind genervt, wenn wir als Antwort Lösungsvorschläge serviert bekommen. Wenn Mann und Frau es sich gegenseitig erlauben, ihre Stärken und Schwächen zu leben, können wir uns ergänzen und das bestmögliche Team bilden.

Ich erlebe als Mama eine ganz neue Seite an mir. Früher pflegte ich zu sagen: „Ich liebe die Gefahr!" und fand die Ängstlichkeit meiner Mama zwar ganz süß, aber übertrieben. Heute erwische ich mich selbst dabei, meine Kinder vor allem Übel behüten zu wollen. Jede Beule spüre ich beinahe selbst auf dem Kopf, und wenn sich mein kleiner Sohn wehtut, verkraftet er es manchmal schneller als ich. Mein Mann ist gelassener und kann es besser aushalten, wenn unser Kind risikobereit seine Erfahrungen macht. Dabei darf ich trotz all seinem Wagemut auf seine

Fürsorge vertrauen. Er passt genauso auf wie ich und würde im Notfall eingreifen, doch manchmal muss ich wegsehen.

Wenn eines unserer Kinder besonders aufgebracht ist, suchen sie oft die Geborgenheit ihrer Mama. Doch wenn es wirklich hart auf hart kommt bei uns allen, dann braucht es den Papa. Ich nenne das gerne die „Mannesruhe". Er kann dann unser Fels in der Brandung sein und wir dürfen uns bei ihm fallen lassen. Wenn unsere kleine Tochter zum Beispiel viel weinen muss am Abend und ihren Tag verarbeitet, ist mir das manchmal zu viel, und ich muss auch weinen. Bei Papa darf sie dann im Arm liegen und sich ausweinen, bis sie schließlich in den Schlaf findet.

Das Gehirn der Frau, ähnlich der Handtasche, scheint manchmal auf den ersten Blick einer vollgeräumten, chaotischen Truhe zu gleichen. Sie hat alles gleichzeitig auf dem Schirm, springt in Millisekunden von einem Thema zum anderen und kann auf einen Blick die „versteckte" Butter im Kühlschrank finden. Anders verhält es sich oftmals beim Mann, der sein Gehirn fein säuberlich in Schubladen strukturiert hat und maximal zwei gleichzeitig offen lassen kann. Er ist konzentriert bei einer Sache, braucht, so lange er eben braucht, und findet flexible Platzgestaltung im Kühlschrank schon ein bisschen grausam. Selbst wenn das ein bisschen überspitzt dargestellt ist, ist es wahr. Wir haben große Differenzen in unserer Herangehensweise, und gerade dort verstecken sich viele Schätze und Ressourcen, die wir gemeinsam entdecken dürfen.

Wir können unsere Unterschiedlichkeit also nutzen, wenn wir gut darüber Bescheid wissen, wo unsere Stärken und Schwächen liegen. Wichtig ist auch, daran zu arbeiten, stets gut miteinander zu kommunizieren und uns mitzuteilen, wie wir aufnehmen, was der andere sagt oder tut.

Gerade wenn es um die Kinder geht, begegnet uns ein großes Konfliktpotenzial. Wir meinen es beide gut und möchten das Beste für unsere Kinder. Unsere Vorstellung darüber, was im Moment das Beste ist, kann aber unterschiedlich sein. Dann heißt es, die Vorschläge des anderen nicht persönlich zu nehmen, sondern gemeinsam einen Plan zu machen, welchen Weg wir als Eltern gemeinsam einschlagen möchten.

Das gemeinsame Gebet hilft uns, Gott als Dritten im Bunde nicht zu vergessen und uns von ihm tragen zu lassen. Außerdem sind wir gesegnet durch das Sakrament der Ehe, das durch den ehelichen Geschlechtsverkehr vollzogen wird. Im Katechismus lesen wir in Paragraph 2362:

„Die Geschlechtlichkeit ist eine Quelle der Freude und Lust."

Gott selbst hat sich dieses Wunder ausgedacht und möchte uns Freude aneinander schenken.

Vor allem bei kleinen Kindern oder Babys kann es uns Frauen so gehen, dass wir froh sind, wenn uns am Abend niemand mehr berührt. Den ganzen Tag hängen kleine Kinder an uns dran, und wenn man stillt, das Baby an der Brust. Wir wollen unseren Kindern alle Nähe und Liebe schenken, die sie brauchen. Den Ehemann können wir leichter hintenanstellen, denn er versteht schließlich, dass wir als Frau auch eine Pause brauchen. Ihm kann ich erklären, dass ich jetzt nicht berührt werden möchte, meinem Baby ist das aber egal, wenn es Hunger hat. Wir haben die Erfahrung gemacht, dass, gerade wenn (kleine) Kinder viel Raum und Zeit einnehmen, es wichtig ist, Sex einen festen Platz in der Beziehung zu geben.

Sex ist bei Weitem nicht alles in einer guten Ehe, aber doch ein wichtiger Bestandteil und eine Quelle für Kraft, Freude und Nähe. Im Sakrament der Ehe ist Gott gegenwärtig, wenn wir uns einander schenken. Er selbst stärkt unsere Verbindung mit seiner bedingungslosen Liebe und lehrt uns wahre Hingabe. Wenn wir uns in der körperlichen Vereinigung verschenken, tanken wir unser Liebeskonto auf und erneuern bewusst unser „Ja" zueinander.

Ich erlebe auch, dass es mich sehr in meinem Frau-Sein stärkt, wenn mein Mann mich schön findet und begehrt. Es fällt mir dann leichter, mich und meinen Körper anzunehmen und zu schätzen. Zugegeben, es ist nicht immer die einfachste Abendgestaltung, wenn man kaum geschlafen und tagsüber kleine Rabauken verfolgt hat. Es braucht manchmal Überwindung, aber es lohnt sich! Es verändert die Atmosphäre in unserem Familienalltag und stärkt unsere Verbindung als Paar.

In der Bibel finden wir ein wunderschönes Werk über die Liebe, das Hohelied. Es ist bemerkenswert, dass es nicht nur von der ehelichen Liebe spricht, sondern vor allem auch von der Liebe, mit der Gott selbst mich liebt. Er ist der leidenschaftliche Liebhaber meiner Seele, er begehrt mich und verzehrt sich nach mir. Das ist wunderschön und berührt mich sehr. Für Paare kann es eine Inspiration sein, mit welcher Hingabe Gott sich die Beziehung zwischen Mann und Frau erdacht hat. Anders als einige von uns in der traditionellen Kirche vielleicht erfahren haben, ist auch die „Eros"-Liebe von Gott gewollt und geschenkt.

Für deinen Alltag möchte ich dich ermutigen, dir bewusst Zeit für Gemeinschaft und Zärtlichkeit mit deinem Mann zu nehmen. Wenn du deine Kinder lieben willst, liebe auch deinen Mann. Stelle ihn vor die Kinder, denn eine starke Ehe ruft starke Kinder hervor.

Mama- Solidarität

„Mama-Solidarität" ist eines meiner Herzensanliegen und ein Begriff, den ich dem sogenannten „Mom-Bashing" entgegensetzen möchte. Wir vergleichen oftmals nicht mehr nur unsere eigenen Eigenschaften, Fähigkeiten oder den Umfang unserer Taille. Wenn Kinder im Spiel sind, erstreckt sich unsere Angst, nicht gut genug zu sein, auch auf alles, was sie betrifft. Welches Kind sitzt zuerst? Wickelst du mit Stoffwindeln oder klassisch? Fütterst du deinem Baby Brei oder breifreie Kost? Es gibt unzählige Bereiche, die uns verunsichern können. Ständig hinterfragen wir, ob wir unserem Kind den bestmöglichen Start ins Leben bieten.

Was es braucht, ist eine neue Kultur von Frauen und vor allem Mamas, die untereinander Solidarität zeigen. Wir sind dazu berufen, uns gegenseitig zu stärken und zu unterstützen. Wir sollten uns gegenseitig darin bestärken, sein zu dürfen, wie wir sind. Wir dürfen miteinander und voneinander lernen, ohne Konkurrenzdenken und ohne Neid.

In unserem Alltag können wir dazu neigen, an unseren sich ständig wiederholenden banalen Aufgaben abzustumpfen. Wir vermissen die Freiheit und das Abenteuer der kinderlosen Tage. Dann kann Klatsch und Tratsch eine willkommene Abwechslung sein, die uns dann aber doch nur tiefer ins Loch zieht.

Ist es dir schon jemals besser gegangen, wenn du über jemand anderen getratscht oder gar schlecht gesprochen hast? Es dient im Moment zur scheinbaren Selbsterhöhung, denn es gibt immer jemanden, der mehr oder einfach andere Fehler macht, und ich stehe dann selbst besser da. Jedoch nur scheinbar, weil es eine Lüge ist. Niemand kann wachsen durch das Herabsetzen anderer. Erst wenn wir lernen, andere hochzuhalten, können wir wahrhaft wachsen und uns in Richtung Himmel strecken. Den anderen groß sehen heißt groß werden. Es tut so unglaublich gut, Gutes zu sprechen. Doch die Welt lehrt uns, dass Katastrophen interessanter seien, Lästern wie Psychohygiene wirke, und schlecht über andere Leute zu sprechen einen erstrebenswerten Zeitvertreib darstelle.

Wozu wir sehr wohl gerufen sind, ist, uns ein Urteil zu bilden, das dem Menschen gegenüber jedoch wertfrei sein sollte. Es ist völlig legitim, wenn ich für mich festlege, mein Kind mit herkömmlichen Windeln zu wickeln, obwohl meine Freundin Stoffwindeln verwendet. Die Frage ist, ob ich das stehen lassen kann oder hinter ihrem Rücken einer anderen Mama davon erzähle und mich darüber lustig mache. Hinter solch einem Verhalten steckt meistens die Frage, ob ich als Mama gut genug bin und mein Bestes gebe. Wenn wir uns über andere lustig machen, suchen wir eigentlich nur die Bestätigung unserer eigenen Methoden.

» *Den anderen groß sehen heißt groß werden.* «

Wenn du Neid spürst, nimm ihn als Einladung wahr, in dein Inneres zu schauen und dir die Reflexionsfragen aus Kapitel Drei für diese Situation zu stellen. Oft hat dein Neid absolut nichts mit deinem Gegenüber, sondern mit einem unerfüllten Bedürfnis von dir selbst zu tun.

In den seltensten Fällen bemerken wir Zustände, die dem Kind wirklich Schaden zufügen können. Solltest du aber tatsächlich Bedenken um das Kindeswohl haben, dann sprich dies direkt, liebevoll und ehrlich an. Behalte dabei aber im Hinterkopf, dass jede Mama das Beste für ihr Kind will und versucht, das auch umzusetzen.

Liebe Mama, ich ermutige dich, der Anfang einer neuen Generation von Frauen zu sein, die sich gegenseitig erheben! Jede von uns wurde von Gott mit Liebe und Sorgfalt geschaffen. Du bist wunderbar gemacht! Wenn wir uns vergleichen, stellen wir Gottes Plan für unser Leben infrage. Ob er dich wohl gut genug gemacht hat? Die Antwort lautet eindeutig JA!

Für die konkrete Umsetzung dieser Gedanken lade ich dich ein, dir zu überlegen, welche Frauen für dich Vorbilder sind. Suche dir drei aus, die dich im Moment am meisten prägen. Mache dir ein paar Notizen, was du an ihnen so inspirierend findest, und gestalte damit eine nette Nachricht. Das kann ein Brief, eine Karte oder auch eine Nachricht via WhatsApp sein. Wenn es dir möglich ist, deine Nachricht persönlich zu überreichen, kannst du es auch noch mündlich ausdrücken und eine Umarmung dazu schenken!

Ermutigung und Ermahnung

Zwei sehr wertvolle Methoden, um in Gemeinschaft zu wachsen, sind Ermutigung und Ermahnung. In 1. Thessalonicher 5,11 werden wir aufgerufen:

„Deshalb sollt ihr einander Mut machen und einer den anderen stärken, wie ihr es auch schon tut."

Wiederholt lesen wir in der Schrift ebenso, dass es nicht nur Ermutigung, sondern auch Ermahnung braucht. Das ist kein leichtes Unterfangen, denn wenn ich mich schon überwinden muss, um jemandem eine Ermutigung zu schenken, wie soll es dann gelingen, eine Ermahnung auszusprechen?

Ich liebe Ermutigungen. Es ist so ein Geschenk, zu sehen, wenn ein gutes Wort auf fruchtbaren Boden fällt. Menschen sind oft erstaunt, wenn sie ermutigt werden, denn wir sind es gewohnt, eher kritisiert zu werden. „Nicht geschimpft ist auch gelobt!" scheint das Motto unserer Gesellschaft zu sein. Doch bei der Ermutigung geht es nicht nur darum, außergewöhnliche Leistungen anzuerkennen. Es geht darum, das Gute, Wahre und Schöne in unserem Gegenüber zu erkennen und anzusprechen. Damit eine Ermutigung ins Herz treffen und wirklich gehört werden kann, sollte sie ein paar Kriterien erfüllen.

Zuallererst muss ihr Inhalt wahr sein. Wenn ich zum Beispiel einen miserablen Sänger in der Kirche für seine schöne Singstimme lobe, so kann dies nur nach hinten losgehen. Die „ermutigte" Person wird sich bestenfalls veräppelt und schlimmstenfalls ernsthaft verletzt fühlen. Eine Ermutigung hat nichts mit einer „Schmeichelei" zu tun, sondern darf die empfangende Person mitten ins Herz treffen. Wenn jemand also miserabel singt und dies aber mit Hingabe und Ehrlichkeit tut, so kann ich beispielsweise sagen: „Es berührt mich, mit welcher Begeisterung und Hingabe du Gott lobpreist!"

Zweitens sollte die Formulierung positiv, konkret und knackig sein. „Das hast du nicht schlecht gemacht!" ist zwar wahrscheinlich oft wirklich lieb gemeint, hinterlässt aber einen fahlen Nachgeschmack. Probiere doch einfach mal „Gut" oder „Mit Liebe", anstatt „Nicht schlecht" zu sagen. Eierst du zu lange herum und verlierst dich in einer langen Rede, wird dein Gegenüber abschweifen oder dich nicht ernst nehmen.

Je konkreter deine Ermutigung ist, umso glaubwürdiger und wichtiger wird sie. Zum Beispiel kann ich einer Person zusprechen, dass ich es schön finde, wie sie lächelt. Oder ich teile ihr mit, dass mich ihr Lächeln bei der Begrüßung heute so gefreut und angesteckt hat und ich ihr dafür danken möchte. Beide Ermutigungen sind schön, doch bei der zweiten Variante schwingt mehr Tiefe mit.

Drittens braucht es Blickkontakt. Zwischen Tür und Angel geht eine gute Ermutigung schnell mal verloren. Achte auf einen ruhigen Moment, der Blickkontakt ermöglicht, sodass dein Gegenüber die Ermutigung auch wirklich aufnehmen kann. Die Augen transportieren vieles, was oft ungesagt bleibt. Bitte Gott, durch dich zu leuchten und seine Liebe in deinem Blick strahlen zu lassen.

Allgemein gilt wie so oft: „Übung macht den Meister!" Wenn wir uns angewöhnen, ermutigend zu sprechen und Menschen im Alltag einfach so, ohne bestimmten Anlass zu ermutigen, dann wird sich auch in uns selbst etwas verändern. Du kannst deinen positiven, wertschätzenden Blick kultivieren und zum Schatzsucher werden. Müll, also all die großen und kleinen Momente, Eigenschaften und Handlungen in der Gemeinschaft, die uns ärgern, springt uns förmlich ins Gesicht. Schätze hingegen wollen gesucht und gefunden werden. Du kannst sie teilen, indem du Ermutigungen schenkst, und du wirst sehen, dass dadurch alle Menschen in deinem Umkreis reicher werden – auch du selbst.

Zur praktischen Umsetzung könnt ihr als Familie zum Beispiel ein Ritual der Ermutigung einführen. Das kann beim Sonntagsfrühstück sein, wo ein Familienmitglied besonders geehrt wird. Jeder darf eine Eigenschaft nennen, die er an dieser Person besonders schätzt. Jede Woche ist jemand anderes dran und dann geht es wieder von vorne los.

Herausfordernder ist es, auf einem guten Weg Ermahnung auszusprechen, wo sie nötig ist. Manchmal möchte uns Gott durch eine andere Person auf einen Missstand in unserem Leben hinweisen. Warum er dies nicht im Kämmerlein hinter verschlossener Tür in unser Herz flüstert, kann daran liegen, dass eine Ermahnung durch eine andere Person zu unserem Wachstum dienen soll. Damit das geschehen kann, muss auch eine Ermahnung mehrere Kriterien erfüllen.

Erstens braucht es eine Basis der Ermutigung. Eine Ermahnung lasse ich mir nicht von jedem geben. Eine Person, die es aus Erfahrung gut mit mir meint und mich wirklich sieht, kann fruchtbare Ermahnung schenken. Von einer Person, die mich regelmäßig ermutigt und mir Gutes zuspricht, kann ich ein Wort der Ermahnung viel besser annehmen als von jemandem, dessen Wertschätzung ich nie erfahren habe.

Zweitens muss ihr Inhalt wahr sein. Eine Ermahnung, deren Inhalt nicht wahr ist, wird zu Recht für Anstoß sorgen und die Beziehung vergiften.

Drittens braucht es einen Rahmen und eine wertschätzende Formulierung. Noch viel wichtiger als bei der Ermutigung ist hier der Moment, in dem die Ermahnung ausgesprochen wird. Achte darauf, Störungen zu vermeiden und genug Zeit für ein Gespräch zu schaffen. Verwende, wenn möglich, „Ich-Botschaften" und eine positive Sprache. Eine gute Ermahnung geschieht aus Liebe. Bringe das zum Ausdruck!

Die Frucht einer liebevollen Ermahnung findet sich nicht nur in meinem Verhalten, das ich dadurch korrigieren kann, sondern vor allem in meinem eigenen Herzen. Wenn ich lerne, Ermahnung anzunehmen, schmilzt dadurch mein eigener geistlicher Stolz. Ich erkenne meine Abhängigkeit von anderen. Außerdem wird eine Beziehung durch solch ein Gespräch gestärkt hervorgehen. Beziehungen, die eine ehrliche Ermahnung erlauben, wenn sie notwendig ist, sind unglaublich wertvoll.

Wenn du eine Ermahnung erhältst, so lasse deine Reaktion nicht von deinen Gefühlen leiten. Im ersten Moment suchen wir

Menschen immer eine Rechtfertigung oder schlagen zum Gegenangriff aus. Lerne, dich zu bedanken, denn wie du selbst weißt, braucht eine liebevolle Ermahnung Überwindung. Hat dein Gegenüber recht, sprich dies aus. Wenn du dir nicht sicher bist, ob die Ermahnung gerechtfertigt ist, versprich deinem Gegenüber darüber nachzudenken. Dadurch wird die Person ermutigt sein, wenn nötig wieder eine Ermahnung auszusprechen. Gott kann dies nutzen, um einer weiteren Person etwas aufzuzeigen, was in ihrem Leben nicht in Ordnung ist. Letztlich sollte unser gemeinsames Ziel der Himmel sein, und wir dürfen uns gegenseitig helfen, dorthin zu gelangen.

In 1. Johannes 1,7 lesen wir:

„Wenn wir wie Christus im Licht Gottes leben, dann haben wir Gemeinschaft miteinander, und das Blut von Jesus, seinem Sohn, reinigt uns von jeder Schuld."

Es tut uns gut, unsere Sünden ans Licht zu bringen. Die Schrift zeigt uns auch hier die Notwendigkeit von Ermahnung auf, um wahre Gemeinschaft miteinander haben zu können. Seien wir dankbar für Gottes Plan, uns auch gegenseitig auf unsere dunklen Flecke aufmerksam zu machen. Dadurch müssen wir nicht in der Finsternis bleiben!

Im Hinblick auf unsere Kinder dürfen wir lernen, nicht nur gute Leistungen zu loben, sondern sie ganz gezielt in großen und kleinen Momenten zu ermutigen. Ein Kind wird, wie auch wir selbst, Ermahnung deutlich besser annehmen und ernst nehmen können, wenn es auf einem guten Fundament der Ermutigung steht. Ermutige es besonders in seiner Persönlichkeit, und lass dein Kind spüren, dass es ganz genau so, wie es ist, gut ist.

Das bedeutet im Alltag, wirklich hinzusehen, Details zu bemerken und Wertschätzung zum Ausdruck zu bringen. Du kannst zum Beispiel bemerken, welche Farbe es beim Malen für die Autoreifen verwendet hat, und fragen, warum es sich gerade diese ausgesucht hat. Dein Kind fühlt sich dadurch gesehen und wirklich wahrgenommen.

Learning by Doing

Wieder möchte ich dich ermutigen, das Gelernte in die Tat umzusetzen und dadurch auf deinem Weg der Jüngerschaft voranzuschreiten.

Entwickle eine Kultur der Ermutigung in deinem Alltag. Sprich deine positiven Beobachtungen aus und achte auf eine wertschätzende Formulierung!

7. Mama,

VERKÜNDE DAS EVANGELIUM!

„Geht in die ganze Welt und verkündet allen Menschen die gute Botschaft."
Markus 16,15

Gott möchte uns gebrauchen, um seine Frohe Botschaft zu verkünden und den Glauben an ihn in der Welt zu verbreiten. Dies kann, je nach unseren aktuellen Lebensumständen, sehr unterschiedlich aussehen. Der entscheidende Faktor ist: Gott kann und möchte dich genau dort gebrauchen, wo du in diesem Augenblick stehst.

Ich habe manchmal ein festgefahrenes Bild von Evangelisation im Kopf und kann mir schwer vorstellen, wie ich das als Mama von drei kleinen Kindern umsetzen soll. Auf einem Stadtplatz das Evangelium zu verkünden und Gebet für fremde Menschen anzubieten, passt gerade kaum in meinen Alltag. Doch glücklicherweise ist Gott sehr flexibel und kreativ und kennt viele Wege, wie er durch mich das Evangelium verbreiten kann.

» *Gott kann und möchte dich genau dort gebrauchen,*
wo du gerade stehst. «

Bevor ich überhaupt an Evangelisation denken kann, muss ich eine eigene persönliche Beziehung zu Jesus haben. Wenn ich dieser Priorität in meinem Leben schenke, wird er mich durch den Heiligen Geist zurüsten. Die Liebe Christi drängt nach außen. Wenn ich mein Herz von ihm erfüllen lasse, werde ich bald merken, dass es darin für seine Liebe zu eng ist. Seine Liebe möchte überfließen und in die Welt hineingetragen werden. Davon lesen wir auch in 1. Johannes 4,19:

„Wir wollen lieben, weil er uns zuerst geliebt hat."

Diese Liebe bringt dich dazu, anderen die Frohe Botschaft zu verkünden, damit auch sie Zugang zum ewigen Leben bekommen. Gott selbst ist es, der Menschen bekehrt und an sein Herz zieht. Dessen dürfen wir uns immer bewusst sein! Was du tun kannst, ist, ihn durch dich wirken zu lassen.

Zu meiner festgefahrenen Vorstellung von Evangelisation gehört auch der Gedanke, tendenziell fremde Personen ansprechen zu müssen. Generell und besonders für uns Mamas bedeutet

Evangelisation aber vor allem, in unserem Umfeld, in unserer Familie und im Freundeskreis über Gott zu sprechen. Bevor du deine Komfortzone verlässt, lohnt es sich, dir Gedanken darüber zu machen, ob und wie du genau hier, innerhalb deiner persönlichen Komfortzone, über Gott und deinen Glauben sprechen kannst. Hier findest du das erste „Übungsfeld" und zugleich deine wichtigste Priorität. Gerade dort, wo ich den Glauben als etwas Selbstverständliches erlebe, vergesse ich oft, von diesen berührenden Momenten mit Gott zu erzählen und Zeugnis zu geben von den kleinen Wundern, die er täglich in meinem Leben schenkt.

Früher oder später auf dem Glaubensweg eröffnen sich häufig auch Möglichkeiten in Situationen, mit fremden oder weniger nahestehenden Menschen über Gott zu sprechen. Manchmal geht es dabei gar nicht so sehr darum, das Evangelium in seiner Gänze zu verkünden und aus der Schrift zu zitieren. Es geht oft darum, in der persönlichen Begegnung von Mensch zu Mensch das zu leben, was Jesus uns lehrt: Nächstenliebe, ein offenes Herz und Ohr, Verständnis und Ermutigung zu schenken. Ich beobachte gerne, und dabei legt mir Gott manchmal Personen aufs Herz, die am Rand der Gruppe etwas verloren wirken oder bei denen ich merke, dass sie etwas bedrückt. Meine erste Reaktion ist häufig, Gott zu bitten, doch jemand anderen zu schicken. Ich versuche mich zu drücken, sei es aus Lustlosigkeit, Scheu oder Menschenfurcht. In einem Vortrag von Jugendbischof Stephan Turnovszky traf mich folgender Satz mitten ins Herz:

„Suche die Nähe der Menschen, auch wenn es dich etwas kostet!"

Ich muss mich oft aufraffen, auf neue Menschen zuzugehen und mich auf ein Gespräch einzulassen. Besonders in Situationen, in denen Gott mich gebrauchen wollte, um einer Person das Evangelium nahezubringen, habe ich jedoch im Laufe des Gesprächs eine übernatürliche Liebe zu dieser Person wahrgenommen. Gott segnet meine Bereitschaft und schenkt seine Gnade dazu. Für diese Person in diesem Moment eine übernatürliche Liebe zu empfinden, kommt nicht jedes Mal vor. Aber diese Erfahrung immer wieder machen zu dürfen, hat mich darin bestärkt, mutig zu sein und auf Gott zu vertrauen.

Es darf dich etwas kosten, wenn du dem Ruf zur Evangelisation folgst. Gott möchte dich an seinem Reich mitarbeiten lassen. Arbeit bedeutet fast immer zumindest ein klitzekleines bisschen an Überwindung. So auch in diesem Fall. Und doch wurde ich so überreich beschenkt in diesen Gesprächen – auch gerade dann, wenn ich mich dann auch noch getraut habe, eine neue Person anzusprechen. Gottes Wirken durch mich braucht zuallererst meine Bereitschaft und oft auch ein kleines Opfer, wie meinen Stolz, meine Scheu oder auch Menschenfurcht zu überwinden, meine Zeit zu schenken oder Ähnliches. Früher glaubte ich, evangelisieren kann nur, wem das ganz natürlich und ohne Zögern von der Hand geht. Heute weiß ich, evangelisieren kann jeder, der sein Herz öffnet für Jesus und damit auch für die Menschen, die er liebt.

Viele Menschen sind verletzt durch Ungerechtigkeit, Gewalt, Missbrauch, Egoismus und vieles mehr, das in der Welt herrscht. Sie haben den Glauben an das Gute und die Tragfähigkeit von Beziehungen verloren. Mehr denn je ist Bindungsfähigkeit ein Thema unserer Zeit! Jesus aber strahlt in so vielen Begegnungen Wärme, Nähe und Zärtlichkeit aus. Das ist der Stil Gottes, sein Weg, in dessen Fußspuren wir nachfolgen. Er selbst ist uns dabei Hilfe und Beistand.

In 1.Thessalonicher 1,5 zeigt uns Paulus drei wichtige Komponenten der Evangelisation auf:

„Denn als wir euch die gute Botschaft brachten, geschah das nicht nur mit Worten, sondern auch mit Kraft, denn der Heilige Geist gab euch die Gewissheit, dass wir euch die Wahrheit sagten. Und ihr wisst auch noch, dass wir euch zuliebe so unter euch gelebt haben."

Das Wort

Jesus fordert uns in der Heiligen Schrift auf, sein Wort zu verkünden. Dies betrifft auch dich in deinem Alltag. In erster Linie ist es deine Aufgabe (und natürlich auch von den Papas), als Mama deinen Kindern das Wort Gottes nahezubringen. Du darfst ihnen erzählen von der Güte Gottes und von seinem Wirken in deinem Leben. Dafür gibt es zahlreiche Ressourcen, die hilfreich sind und eine kindgerechte Verkündigung erlauben.

Hier nur ein paar Anregungen:

Führe Rituale ein, wie zum Beispiel ein Familiengebet, das Lesen in der Kinderbibel oder das Tischgebet.

Lies mit deinen Kindern christliche Kinderbücher und sprich mit ihnen über das Gelesene.

Sprich im Alltag laut aus, wenn du Jesus dankst oder um Hilfe bittest. Lass deine Kinder teilhaben an deiner Beziehung mit ihm.

Erzähle ihnen von Gott, wenn ihr in der Natur seid, und dankt ihm gemeinsam für die Schönheit der Schöpfung.

Achte auf deine eigene Sprache und wie du den Namen Gottes im Alltag verwendest. Sprache schafft Wirklichkeit. Das, was wir aussprechen, nimmt Gestalt an und bleibt in unserem Denken und Fühlen verankert. Wenn du zum Beispiel Gott als Drohmittel einsetzt, damit die Kinder brav sind („… denn Gott sieht alles!"), dann wird das ihr Gottesbild prägen und wahrscheinlich das Bild des Richtergottes fördern. Überlege auch, ob du vielleicht Sprüche wie „Kleine Sünden bestraft der liebe Gott sofort!“, verwendest. In unserem alltäglichen Sprachgebrauch verstecken sich Floskeln, die unsere Kinder massiv beeinflussen, ohne dass uns das bewusst ist.

» *Sprache schafft Wirklichkeit.* «

Sprich häufig über Gott, dann merken deine Kinder ganz von selbst, von welch großer persönlicher Bedeutung er in eurer Familie ist. Erinnere dich an alles, was Gott schon in deinem Leben getan hat. Bewahre es in deinem Herzen und erzähle es situations- und altersgerecht deinen Kindern.

Setze Hörbücher ein, dann lernen deine Kinder, dass nicht nur Mama und Papa von Gott reden. Ich denke an Hörspielserien wie „Xaver Wuschelkovsky“, „Emmi“, „Die 4 vom See“, „5 Geschwister“ oder auch „Flo, das kleine Feuerwehrauto“. Dort wird sehr spielerisch und kindgerecht der Glaube an Gott in die Geschichten eingeflochten.

Nutze zum Beispiel Lieder von den KISI KIDS oder Mike Müllerbauer. So kann auch im Auto eine CD eine Verbindung zu Gott fördern und ihr könnt gemeinsam lauthals singen.

Die Verkündigung geht aber über die Grenzen der eigenen Familie hinaus. Wenn du Besuch hast, der nicht gläubig ist, kannst du ihn trotzdem einladen, beim Tischgebet mitzubeten. Das reicht oft schon für einen guten Start in ein Gespräch über den Glauben, und selbst wenn nicht, ist das Gebet allein schon ein großes Zeugnis. Du hast auch die Möglichkeit, kurz für deine Gäste oder Freunde der Kinder beim Tischgebet zu beten. Wie schön, wenn ihr zum Beispiel Gott laut dafür dankt, dass sie heute zu Gast sind.

Auch Taten ohne Worte oder auch „einfach nur" gelebte Gastfreundschaft und Freundlichkeit sind ein geniales Mittel zur Evangelisation. Bei der Spielegruppe ergibt sich schnell ein nettes Gespräch, wenn es zum Beispiel um die Taufe der Kinder geht. Beim Spazierengehen treffe ich die verschiedensten Menschen, die ganz gerne ein wenig quatschen, und wo es sich manchmal ergibt, dass ich das Gespräch auch auf Gott und sein wunderbares Wirken lenken kann.

Allgemein gilt: Du darfst offen sein für Gelegenheiten, von Gott zu erzählen. Es braucht aber immer einen sensiblen Umgang mit der Frohen Botschaft. Wenn du sie unsensibel anderen Menschen um die Ohren haust, werden diese Menschen vor dir fliehen. Übe einen Blick ein für die Themen und Fragen, die die Menschen um dich herum beschäftigen. Nutze diese Themen, um in ein Gespräch über den Glauben einzusteigen. Du darfst wahrhaftig lernen, die Menschen „dort zu kratzen, wo es sie juckt". Es bringt beispielsweise nichts, einem 15-jährigen Mädchen von der Berufung einer Mama im Glauben zu erzählen, wenn ihr Hauptproblem in diesem Moment eine unerwiderte Schwärmerei ist.

Evangelisieren heißt nicht, immer und überall ständig von Jesus zu sprechen. Es geht wieder darum, eine Balance zu finden zwischen der Welt und Gott und dazwischen eine Brücke zu bauen. Manchmal braucht es nicht viele Antworten und Belehrungen. Es kann sein, dass die richtige Frage ausreicht, um eine Kugel ins Rollen zu bringen, die eine Person schließlich zu einer Suche nach Gott führt. Sei großzügig mit deinem Wort und riskiere es, von Jesus zu sprechen. Du darfst aber auch ebenso großzügig mit vollen Händen Samen ausstreuen. Lass dich nicht entmutigen, wenn du nicht sofort eine Ernte siehst. Was mit deinen Samen passiert, liegt nicht in deiner Verantwortung.

Der Heilige Geist

Paulus erwähnt in seinem Brief an die Thessalonicher nicht nur das Wort, sondern spricht auch davon, dieses mit Kraft zu verkünden, *„denn der Heilige Geist gab euch die Gewissheit, dass wir euch die Wahrheit sagten"* (vgl. 1. Thessalonicher 1,5). Der Heilige Geist ist es also, der die Menschen letztlich zu Jesus zieht. Durch den Heiligen Geist werden sie der Sünde überführt und in ein neues Leben mit Gott geleitet. Das musst nicht du machen. Was für eine Erleichterung! Deine Aufgabe ist es lediglich, ihn durch dich sprechen zu lassen. Wenn du evangelisierst, tu das nie, ohne den Heiligen Geist anzurufen. Bitte ihn, dir seine Worte in den Mund zu legen und das Gespräch zu leiten. Vertraue auf seine Gegenwart!

Ich habe schon einige Gespräche geführt, bei denen ich mich im Nachhinein fragte, woher die guten Fragen und Antworten kamen. Das kann entstehen, wenn der Heilige Geist dich gebraucht und im Gespräch leitet.

Ohne den Heiligen Geist kannst du das Evangelium von den Dächern rufen und es wird doch niemand wirklich hören. Wenn du das Gefühl hast, deine Versuche zu evangelisieren tragen keine Früchte, kann ein Grund dafür sein, dass du es ohne Gottes Geist versucht hast. Zum Beispiel dann, wenn du zwar ständig neue Leute zum Gebetstreffen einlädst, aber nie oder kaum jemand dann auch wirklich kommt oder längerfristig bleibt. Wir sind oftmals so bemüht und schmieden Pläne, um sein Reich aufzubauen, vergessen dabei aber, den Baumeister selbst um Hilfe zu bitten. Wenn du keine oder wenig Beziehung zum Heiligen Geist hast, dann kannst du Gott darum bitten, ihn dir zu geben und zu offenbaren (vgl. Lukas 11,13).

Rufe ihn im Alltag an und lade ihn immer wieder ein, dein Leben zu durchdringen und durch dich zu wirken. Bete um die Früchte des Heiligen Geistes in deinem Leben, von denen wir in Galater 5,22–23 lesen:

„Liebe, Freude, Frieden, Geduld, Freundlichkeit, Güte, Treue, Sanftmut und Selbstbeherrschung".

Wenn diese Früchte in deinem Leben Gestalt annehmen, wird es dir viel leichter fallen, zu evangelisieren. Dieser Prozess ist dynamisch und dauerhaft, denn der Heilige Geist schenkt immer wieder neu seine Gaben und Früchte. Mit der Zeit wird es ihm gelingen, dich und deine Persönlichkeit nachhaltig zum Guten zu verändern.

Vor allem zu Hause funktioniert das Einladen des Heiligen Geistes auch gut mit Liedern, die deine Kinder wie von selbst aufschnappen werden. Womöglich überraschen sie dich eines Tages und singen plötzlich mit!

Das Handeln

Des Weiteren verweist Paulus in der eingangs zitierten Bibelstelle darauf, dass er und die anderen Jünger in der Gemeinde ihr zuliebe so lebten, wie es der Wahrheit entsprach, die sie den Leuten predigten (vgl. 1. Thessalonicher 1,5). Auch wir sind damit gerufen, so zu handeln, dass sich unsere Taten mit unseren Worten decken. Um eine authentische Verbreitung der Frohen Botschaft möglich zu machen, musst du also selbst nach deinen Worten handeln. Nichts ist schlimmer als der klassische „weintrinkende Wasser-Prediger". Achte auf ein gutes Miteinander. Die Beziehung, die wir als Christen untereinander haben, macht unsere Botschaft des Evangeliums glaubwürdig oder eben auch nicht. In Galater 5,14 fasst es Paulus folgendermaßen zusammen:

„Denn das ganze Gesetz lässt sich in dem einen Wort zusammenfassen: ‚Liebe deinen Nächsten wie dich selbst.'"

Wenn die Umsetzung dieses Gebots in unserem Leben nicht erkennbar ist, müssen wir umkehren und um Vergebung bitten. Das „Ja" zu sich selbst scheint jedoch oftmals das schwierigste von allen zu sein. Nach der Vergebung durch Jesus diese auch wirklich anzunehmen und in der Identität eines geliebten und freien Gotteskindes weiterzugehen, ist manchmal schwerer als gedacht. Weil es eine so große Hürde ist, möchte ich hier noch einmal kurz auf das Thema Selbstliebe eingehen. Geringschätzung und Selbstverachtung können in einem zu hohen Idealbild, das zum Anspruch an uns selbst wird, liegen. Dazu kommen, wie eingangs schon erörtert, Perfektionismus und Leistungsdruck. In unserem Inneren residieren der harte Chef, der strenge Begutachter und Richter. Die Koexistenz von Schwäche und Stärke,

Licht und Dunkel sind aber Grundgegebenheiten unseres Lebens. Sie prägen das Dasein eines jeden Menschen. Mit Wohlwollen auf mich selbst zu schauen, ist ein großer Schlüssel zur Selbstannahme, Selbstliebe und einem daraus resultierenden tiefen inneren Frieden. Das gelingt noch besser, wenn ich mich unter Gottes liebevollen, gütigen, barmherzigen Blick auf mich und mein Leben stelle. Gott allein schenkt mir ein Selbstwertgefühl, das ich mir nicht verdienen muss durch Leistung, Beliebtheit oder Erfolg. Anzunehmen und bedingungslos angenommen zu sein, schafft ein Vertrauen, das erlösend und befreiend ist. Versuche dich in diesem Lebensstil zu üben und so dein Selbstwertgefühl dauerhaft zu stärken.

Denke daran, dass Gott alles tun kann. Wo es dir unmöglich scheint, dich und deinen Nächsten zu lieben, kann Gott dies in dir tun und durch dich hindurch.

Handle so, dass andere nach deinem Glauben fragen. Selbst beim Einkaufen kannst du als Mama einen Unterschied machen! Kaufe doch zum Beispiel einfach ein paar schöne Blumen und schenke sie der Person an der Kasse. Oder du schenkst ihr ein strahlendes Lächeln und fragst sie, wie es ihr geht. Unterschätze nicht die Macht eines herzlichen Lächelns! Weil du von Gott so reich beschenkt bist, möchtest du dieses Geschenk weitergeben. Durch dein Sein im ganz normalen Alltag kannst du Gott ermöglichen, ein weiteres Leben zu berühren.

Das Handeln in unseren eigenen vier Wänden ist vermutlich das, wo wir unser inneres Monster am wenigsten zügeln können. Zu Hause ist der Ort, wo mich oft niemand beobachtet außer Gott und meine Kinder und wo ich deutlich schneller explodiere als anderswo. Glücklicherweise darf ich durch meine Mama-Freundinnen wissen, dass ich damit nicht allein bin. Das hilft mir, den Schritt weg von den Selbstvorwürfen zur Weiterentwicklung zu gehen. Jesus lädt uns ein, an unseren Herausforderungen zu wachsen und unsere engen Grenzen wahrzunehmen, zu umarmen und dann auch auszudehnen. Zu Hause ist der erste Ort der Evangelisation in unserem Leben. Hier geht es um Liebe, Freundlichkeit, Dienen, einander zu unterstützen und sich manchmal auch zu ertragen. Das Zusammenleben in der Familie ist die Jüngerschaftsschule schlechthin.

Jüngerschaft vorleben

Jesus trägt uns im Matthäusevangelium 28,19 auf:

„Darum geht zu allen Völkern und macht sie zu Jüngern."

Vielen Menschen ist Jüngerschaft noch kein Begriff. Auch wenn sie vielleicht schon an Gott glauben, gestalten sie ihr Leben nicht in der Nachfolge Christi. Meistens geschieht dies auch aus einem Mangel an Vorbildern. In meinem persönlichen Umfeld bemerke ich positiv, dass Jüngerschaftsschulen und die Bedeutung der gelebten Jüngerschaft in den letzten Jahren mehr und mehr ins Bewusstsein gerückt sind.

Auch beim Thema Jüngerschaft gilt: „Jüngerschaft kann man nicht vorschreiben, man kann sie nur vorleben!" Es geht darum, unseren Kindern, so gut es uns in der Kraft des Heiligen Geistes gelingt, vorzuleben, Christus nachzufolgen und ihm ähnlich unseren Alltag zu leben. Klingt beinahe unmöglich und werden wir wohl auch nie in Gänze schaffen. Alles mit Gott zu tun, hört sich einfacher an, als es ist. Ebenso, deine Hoffnung auf Gott zu setzen, ihm in jeder Situation zu danken, ihn um etwas zu bitten und glücklich zu sein durch ihn. Aber es ist der einzig gute Weg, wie du inmitten von Wäschebergen, Überforderung,

Geschwisterrivalitäten, Windelhaufen und schlaflosen Nächten ein frohes Herz kultivieren kannst.

Du bist die Einzige, die deinen Kindern eine glückliche Mama schenken kann. Eine Mama, die Freude an den kleinen Wundern des Alltags hat und das Leben mit all seinen Höhen und Tiefen liebt. Von dir lernen deine Kinder den Zugang zum Leben selbst. Daran, wie du handelst und sprichst, erkennen sie, ob das Leben grundsätzlich gut ist oder hart und grausam. Als Christen sind wir zur Freude berufen und dürfen diese auch offen zeigen!

Der Job einer Vollzeitmama, die zu Hause ist, scheint manchmal einer Sisyphusarbeit zu gleichen. Kaum ist die Wäsche verräumt, ist die nächste einzuschalten. Kaum ist das Essen gekocht, ist es auch schon wieder aufgegessen. Kaum ist das Kind gewaschen, hat es sich schon wieder schmutzig gemacht. Kaum ist die Windel frisch gewechselt, ist sie schon wieder voll. Kaum ist aufgeräumt und frisch gesaugt, scheint schon wieder eine Bombe explodiert zu sein. Es gibt viele solcher Situationen im Alltag, die die Sehnsucht wecken, nicht nur kurzlebige Erfolge zu sehen, sondern etwas Bleibendes zu schaffen. Darin darf ich dich ermutigen, liebe Mama. Denn das, was du tust, ist bleibende Arbeit für die Ewigkeit! Das Leben deiner Kinder ist für die Ewigkeit bestimmt. Alles und wirklich alles, was du in sie hineininvestierst, vom Staubsaugen bis zum Segnen und Umarmen, bestärkt sie auf diesem Weg der Ewigkeit. Es ist eine heilige Arbeit, die du tust, und wenn du lernst, diese scheinbar ganz kleinen Dienste mit Liebe zu tun, wird das einen Einfluss auf sie haben. Denke daran, dass du sie mit der Liebe zurüstest, von der sie zu Hause umgeben sind und mit der sie aufwachsen dürfen. Handle also stets so, als würde Jesus selbst in deinem Haus wohnen. Denn genau das möchte er! Natürlich wird dir das nicht immer gelingen, aber als Menschen brauchen wir

Ziele und Ideale, nach denen wir uns ausstrecken können, um zu wachsen.

Jesus verbrachte drei Jahre mit seinen Jüngern, die damals schon erwachsen waren. Wir dürfen unsere Kinder von Anfang an mitnehmen auf unsere Reise der Jüngerschaft. Der Schlüssel ist, selbst Jüngerschaft zu leben und die Beziehung zu Jesus lebendig zu erhalten. Dann kann es gelingen, dies auch an deine Kinder weiterzugeben und sie zu Jüngern Jesu heranwachsen zu sehen. Wir dürfen die ersten Zeugen ihrer Entwicklung sein. Dabei gehen wir gemeinsam mit ihnen durch alle Höhen und Tiefen der Kindheit und Jugend, formen sie und bilden sie in Kooperation mit dem Heiligen Geist zu Jüngern aus. Auch hier möchte ich betonen, dass du das nicht aus eigener Kraft schaffen kannst und musst. Lass Gott wirken und vertraue deine Kinder ihm an, wie auch Jesus seine Jünger dem Vater anvertraut hat (vgl. Johannes 17,11)!

Evangelisation leicht gemacht

Bereite dein Zeugnis vor
Vorbereitung ist nicht alles, aber doch sehr hilfreich. Hierbei geht es nicht darum, ein auswendig gelerntes Referat vorzutragen, wenn dich jemand nach deinem Glauben fragt. Aber es kann sehr hilfreich sein, sich sein Zeugnis zurechtzulegen und in Ruhe durchzugehen, damit du etwas abrufen kannst, wenn du mitten im Alltag spontan nach Gott gefragt wirst. Es kann deinem Dienst in der Evangelisation Sicherheit und Routine geben, wenn du ungefähr weißt, was du erzählen möchtest.

Erinnerst du dich an einen Punkt, an dem du Jesus dein Leben bewusst übergeben hast, und warum du diesen Schritt gegangen bist?

____

____

____

____

Was war für dich der Knackpunkt?

____

____

____

____

Was hat sich durch den Glauben verändert?

____

____

____

____

Zähle ein bis drei große Unterschiede oder Faktoren auf, die bis heute einen Einfluss auf dein Leben haben.

Versetze dich in dein Gegenüber hinein. In welchem Bereich braucht er/sie im Moment besonders Ermutigung? Sprich mit Gottes Wahrheit in dieses Thema hinein!

Mache dir Notizen zu deinem Zeugnis. Wenn es dir hilft, kannst du auch ganze Sätze ausformulieren. Es ist jedoch hilfreich, wenn es nicht auswendig gelernt wirkt. Dein Zeugnis soll aus deinem Herzen fließen. Es geht nicht darum, eine Glaubensdiskussion zu starten oder Argumente für die Kirche zu liefern. Berufe dich auf deine ganz persönliche Erfahrung mit Jesus. Es muss nicht klug, theologisch oder wahnsinnig beeindruckend sein. Wenn es von Herzen kommt und du den Heiligen Geist einlädst, wird es den anderen berühren.

Je nach Situation kann das Gespräch natürlich variieren, aber mit diesen Anhaltspunkten wirst du besser auf den Punkt kommen. Sofern es deiner Art entspricht, streue gern ein bisschen Charme und Witz ein, und das Zeugnis ist in fünf Minuten erzählt!

Lade ein …

Um zu evangelisieren, braucht es zuallererst ein weites Herz für die Menschen, die Gott noch nicht kennen. Oft sind das

Menschen, die auch dich noch nicht (so gut) kennen. Ein schöner Start ist immer eine Einladung! Besonders bei Personen, die sich in einer ähnlichen Lebenssituation befinden, bietet ein privates Treffen ein gutes Fundament für weiterführende Gespräche, eine Einladung zum Gottesdienst oder in eine Gebetsrunde.

... zu Spiele-Dates: Diese Einladung eignet sich besonders gut für Mamas, die du vielleicht beim Spazierengehen triffst, im Eltern-Kind-Zentrum oder auf dem Spielplatz. Der Fokus liegt erst einmal auf den Kindern und die Mamas dürfen sich nebenbei ganz ungezwungen kennenlernen. Streck deine Fühler aus, ob das Wort Jesu hier einen fruchtbaren Boden finden könnte!

... in dein Zuhause: Beim Essen oder gemütlichen Kaffeetrinken ist die ganze Familie involviert, und ein gastfreundlicher Rahmen eignet sich perfekt, um gute Gemeinschaft zu erleben. Jesus war sehr oft zu Gast bei den Menschen und aß mit ihnen gemeinsam. Erzähle kurz von eurem Tischgebet als Familie und lade den Besuch ein, mitzumachen oder einfach zuzuhören. Wichtig ist, dies freizustellen! Mit vollem Magen lässt es sich gut reden, und wenn der Heilige Geist ein Fensterchen zur Evangelisation öffnet, dann nutze es.

... zum Familiengottesdienst: Ist die Neugier erst einmal geweckt, kann die Einladung zum Familiengottesdienst erfolgen. Einen guten Einstieg bieten vor allem Gottesdienste oder Veranstaltungen in einem lockeren Rahmen. Toll geeignet sind vor allem Räumlichkeiten, die auch spielende und lautere Kinder erlauben, denn das ist oft eine Hürde für junge Familien, die Kirche zu besuchen.

... in eine Mütter-Gebetsrunde: Du kennst eine Mama, die bereits im Glauben steht, aber noch Anschluss sucht? Dann lade sie in eine Gebetsrunde von und für Mütter ein oder gründe mit ihr eine neue Gruppe!

... und werde kreativ: Überlege, was deine persönlichen Leidenschaften, Talente und Interessen sind. Bist du beispielsweise lesebegeistert, kannst du eine Buchrunde im Ort starten. Magst du gerne schöne Karten, kannst du eine gemeinsame Bastelzeit organisieren. Oder du bist besonders gerne in der Natur und kennst dich mit Kräutern aus, dann lade zu einer Kräuterwanderung ein. Es gibt so viele Möglichkeiten, eine gute Zeit miteinander zu verbringen. Viel Spaß bei der Entdeckungsreise!

Verschenke ...
... dein Lächeln: Der kürzeste, günstigste und vielleicht auch schönste Weg, deinem Gegenüber eine Freude zu machen, ist, ihm ein Lächeln zu schenken. Riskiere, kein Lächeln zurückzuerhalten oder gar ein wenig schief angesehen zu werden. Hier darfst du verschwenderisch sein, denn ein Lächeln kann so viel verändern. In Zeiten von Corona begegnete mir beim Einkaufen mit der Maske immer wieder dieses Lächeln, das man auch in den Augen sehen konnte. Das berührte mich sehr!

... ein gutes Wort: Sprich einer gestressten Mama in ihrem Alltag Mut, einem traurigen Kind Trost oder der Nachbarin einen lieben Gruß zu. Es braucht nicht viel, um freundlich zu sein, und doch bleiben einem gute Worte in Erinnerung und können einen ganzen Tag verändern.

... Blumen: Wie schon erwähnt, kannst du Blumen hervorragend beim Einkaufen verschenken. Gerne auch der Nachbarin oder bei anderen passenden Gelegenheiten. Bring doch zum Beispiel mal morgens zum Bäcker eine Blume mit!

... ermutigende Magazine: Zeitschriften wie „Sonne im Haus", „Family", „Fips", „Kläx" oder „Lydia" sind großartige Medien, die Müttern, Familien und Kindern Ermutigung und Rückenwind geben. Stärkende, bereichernde Texte und Zeugnisse lassen die Leserinnen und Leser den Blick auf das Positive und Schöne in ihrem Leben richten und bringen Freude ins Haus. Ich verschenke zum Beispiel gerne zur Geburt eines Kindes ein Jahresabo!

... Gebet: Sprich ein kleines Stoßgebet für die Mama, die sich beim Einparken mit der großen Familienkutsche plagt, für den Kinderarzt, der total überarbeitet wirkt, oder für die junge Witwe in der Gemeinde, die jetzt alleine mit ihren Kindern über die Runden kommen muss. Es gibt viele Gelegenheiten, ein Gebet zu verschenken. Traue dich auch, dieser Person von deinem Gebet zu erzählen. Auch wenn jemand selbst nicht betet, wird es meist sehr gut aufgenommen und als Trost empfunden. Diese Erfahrung habe ich schon bei mehreren Freundinnen gemacht.

... ermutigende Bibelverse: Es gibt ganz wunderbare, hübsche Karten, die du verschenken oder verschicken kannst. Nutze die Post, um Menschen zu erreichen, die du mit den Kindern nicht so einfach besuchen kannst! Eine nette Karte im Briefkasten macht so viel Freude!

... alles, was von Herzen kommt und der beschenkten Person eine Freude machen soll: Auch hier gilt: Nutze deine persönlichen Talente und Interessen und lass deiner Kreativität freien Lauf!

8. Mama, LEBE DEINE BERUFUNG!

***„Segnet,
denn dazu seid ihr berufen worden,
dass ihr Segen erbt.“
1. Petrus 3,9b (EÜ)***

Meine Sehnsucht für dieses letzte Kapitel ist es, dich zu ermutigen, deine Berufung neu zu entdecken und anzunehmen. Dabei möchte ich zunächst über die allgemeine Berufung von uns Christinnen (und Christen) schreiben, die jede Person betrifft, die Jesus nachfolgt. Im nächsten Schritt setzen wir uns näher mit unserer Berufung als Mama auseinander. Zum Abschluss dieses Buches möchte ich dich mit einigen Reflexionsfragen und Richtungsweisern unterstützen, um deine ganz persönliche Berufung für dein Leben zu formulieren.

Die Berufung deines Lebens

Als Christinnen gibt es für uns einige allgemeine Berufungen, die wir in der Heiligen Schrift finden können. Sie bilden ein gutes Fundament für deine ganz persönliche Berufung. Hier möchte ich dir einige Beispiele davon aufzeigen.

Du bist berufen …

… zur Gemeinschaft mit Jesus Christus:

„Gott ist treu. Er hat euch berufen zur Gemeinschaft mit seinem Sohn Jesus Christus, unserem Herrn."
(1. Korinther 1,9)

… zu segnen und Segen zu erben:

„Vergeltet Böses nicht mit Bösem oder Schmähung mit Schmähung! Im Gegenteil: Segnet, denn dazu seid ihr berufen worden, dass ihr Segen erbt."
(1. Petrus 3,9; EÜ)

… Gutes zu tun und Leiden zu erdulden:

„Aber wenn ihr für das Gute, das ihr getan habt, leidet und Schläge geduldig ertragt, ist das ein Zeichen für die Gnade Gottes. Dieses Leiden gehört zu dem Leben, zu dem Gott euch berufen hat. Christus, der für euch litt, ist euer Vorbild, dem ihr nacheifert."
(1. Petrus 2,20b-21)

... Frucht zu tragen:

„Nicht ihr habt mich erwählt, ich habe euch erwählt. Ich habe euch dazu berufen, hinzugehen und Frucht zu tragen, die Bestand hat, damit der Vater euch gibt, um was immer ihr ihn in meinem Namen bittet."
(Johannes 15,16)

... die Herrlichkeit Jesu Christi zu erlangen:

„Er hat euch dazu berufen durch unsere Botschaft von Jesus, damit ihr die Herrlichkeit von Jesus Christus, unserem Herrn, erlangt."
(2. Thessalonicher 2,14)

Wow, das ist schon ganz schön viel! Diese Aussagen treffen auf jede Berufung zu und sind somit auch in unserem Leben gültig.

In erster Linie gilt es, auf dem Weg deiner Berufung in diesen „allgemeinen", für Christen gültigen Berufungen zu leben. Prüfe diese Punkte für dein Leben und versuche zu erkennen, wo dich Gott rufen möchte, noch mehr zu wachsen. Jetzt bist du eingeladen, kurz festzuhalten, wo du dich gerade wahrnimmst.

» *Das Wachsen schenkt Gott.* «

Hier stehe ich gerade in meiner Berufung:

- **Gemeinschaft mit Jesus Christus:**

- **Zu segnen und Segen zu erben:**

- **Gutes zu tun und Leiden zu erdulden:**

- **Frucht zu tragen:**

___

___

___

___

- **Die Herrlichkeit Jesu Christi zu erlangen:**

___

___

___

Deine Berufung als Mama

Dass du Mama bist, ist ein großes Geschenk von Gott. Er hat dir ein oder mehrere Kinder anvertraut und dich somit zur Mama berufen. Wie schön! Mama zu sein, lässt dir womöglich mehr als je zuvor bewusst werden, wie sehr du abhängig bist von der Gnade Gottes, die er dir jeden Tag neu schenkt. Zumindest meiner persönlichen Erfahrung nach kann ich sagen, dass mich noch nichts in meinem Leben so sehr an meine Grenzen geführt hat wie mein Mama-Sein. Einerseits zeigte mir diese Rolle meine schlimmsten Seiten, meine Wunden und Abgründe auf. Andererseits durfte ich auch eine bedingungslose Liebesfähigkeit erfahren, die ich mir vorher nicht hatte vorstellen können. Nimm dir einen Moment Zeit und lass diese Wahrheit tief in dein Herz sinken: Du bist zum Mama-Sein berufen!

Diese Berufung allein umfasst schon so vieles! Täglich bist du herausgefordert, bedingungslose Liebe zu schenken und das Gebot Christi zu erfüllen. Er sendet uns aus, um Heiden zu bekehren, Menschen zu taufen und zu seinen Jüngern zu machen. All das ist uns auch in unseren vier Wänden zu Hause aufgetragen. Ein Kind kommt nicht zur Welt und glaubt automatisch an Gott und kennt seine Wahrheit. Wieder einmal gilt: Den Glauben können wir unseren Kindern nicht einimpfen. Wir können nur ein Umfeld schaffen, das es ihnen ermöglicht, dass der Glaube in ihnen wächst. Deine Mutterschaft ist daher eine große und wichtige Aufgabe, eine Berufung, die der entscheidende Knackpunkt für das ewige Leben deines Kindes sein könnte.

Als Mama bist du außerdem berufen …

… zu trösten:

„Ich selbst werde euch trösten, wie eine Mutter ihr Kind tröstet. In Jerusalem sollt ihr getröstet werden.“
(Jesaja 66,13)

… dich an deinen Kindern zu freuen:

„Die Frau, die kinderlos war, lässt er im Hause wohnen; sie wird Mutter und freut sich an ihren Kindern. Halleluja!“
(Psalm 113,9; EÜ)

… dem Herrn mit Freude zu dienen:

„Tut eure Arbeit mit Eifer und Freude, als würdet ihr Gott dienen und nicht Menschen."
(Kolosser 3,23)

… die Botschaft Gottes zu hören und sich nach ihr zu richten:

„Jesus erwiderte: ‚Alle, die die Botschaft Gottes hören und sich nach ihr richten, sind meine Mutter und meine Brüder.'"
(Lukas 8,21)

… zu vertrauen:

„Du weißt nicht, welche Richtung der Wind einschlagen wird, auch kannst du dir nicht erklären, wie der Körper eines Kindes im Leib der Mutter entsteht. Ebenso verstehst du das Tun Gottes nicht, der alles bewirkt."
(Prediger 11,5)

Ich glaube, manche Berufungen tragen wir ein Leben lang, andere nur für einen gewissen Zeitraum. Vor meinem Mama-Sein habe ich ein Festival geleitet, was für diese Zeit meine Berufung war, jetzt aber kein Thema mehr ist. Das heißt, besonders, wenn du kleine Kinder hast, ist das Mama-Sein sehr wahrscheinlich im Moment DIE Berufung für dich. Vielleicht fragst du dich wie ich mich auch manchmal: „Ist das alles?" Ich denke: ja und nein.

Ja – es ist ALLES. Denke nur einen Moment an deine Kinder, wie sie heranwachsen, staunen, lauthals lachen, weinen und lieben. Natürlich ist das alles! Es ist ein neues, ewiges Leben, an dessen Schöpfung und Wachstum du Anteil nehmen darfst. Das ist wahrlich eine große und unheimlich wichtige Berufung.

Nein – es kommt eine Zeit, da wird sich womöglich eine zusätzliche Berufung auftun. Das können zum Beispiel die Enkelkinder sein. Das kann eine Verantwortung innerhalb der Gemeinde sein. Es kann ein Hilfsprojekt für Afrika sein. Es kann sein, dass du berufen bist, ein Buch zu schreiben oder eine neue Gebetsgruppe zu gründen. Oder du nimmst, wenn deine Kinder groß sind, noch eine Ausbildung in Angriff oder vertiefst dich neu in deinen Beruf und dienst dem Herrn dort.

Hier ist mir meine Mama zum Beispiel ein großes Vorbild. Sie ist viele Jahre bei uns Kindern, vier an der Zahl, zu Hause geblieben und musste dafür immer wieder auch böse Worte und Schmähungen hinnehmen. Vor allem andere Frauen, darunter auch einige Mamas, fanden wenig Verständnis oder gar Wertschätzung für diese Entscheidung. Erst als ich, das Nesthäkchen, schon sehr selbstständig war, begann sie wieder außer Haus zu arbeiten.

Für ihre Arbeit im Kindergarten absolvierte sie dann zahlreiche Fortbildungen, um auf diese Weise Integrationskinder bestmöglich fördern zu können. Ihr Streben nach Wachstum, das Dienen für oftmals sozial schwächere Kinder und ihre Hingabe an ihre eigenen und die in der Arbeit anvertrauten Kinder ist mir eine große Inspiration. Es ist für mich als Tochter (und auch als Ergotherapeutin) schön zu erleben, wie fruchtbar und bereichernd die Arbeit meiner Mutter für jedes einzelne dieser Kinder war und ist. Darauf bin ich stolz und dafür bin ich dankbar!

Alles hat seine Zeit. Lass dich nicht hetzen vom Strom unserer Gesellschaft, die uns Mamas weismacht, dass wir unsere Kleinkinder abgeben müssen, damit wir Großes tun und etwas erreichen können. Genau da, wo du in deinem Leben stehst, kannst du deine Berufung mit deiner Familie leben.

Jetzt bist du wieder eingeladen, kurz festzuhalten, wo du dich in den oben erwähnten Punkten gerade wahrnimmst. Mache dir dazu gerne ein paar Notizen!

Hier stehe ich gerade in meiner Berufung als Mama:

- **Zu trösten:**

___

___

___

___

- **Mich an meinen Kindern zu freuen:**

___

___

___

___

- **Dem Herrn mit Freude zu dienen:**

___

___

___

___

- **Die Botschaft Gottes zu hören und mich nach ihr zu richten:**

- **Zu vertrauen:**

Deine ganz persönliche Berufung formulieren

Zum Abschluss dieses Buches möchte ich dir noch verschiedene Wegweiser vorstellen, die für dich bei der Findung und Formulierung deiner ganz individuellen Berufung hilfreich sein können:

Herzklopfen

Wobei brennt dir das Herz in der Brust? Wann und wo fühlst du dich total in deinem Element? Überlege, bei welchen Themen oder Aktivitäten du leidenschaftlich wirst und endlos viel Zeit damit verbringen könntest.

Frieden

Hast du jemals dieses Gefühl erlebt, genau am richtigen Platz zu sein? Wo ruhst du in dir und weißt, dass du in diesem Moment das Richtige tust? Welche Entscheidungen bringen dir einen tiefen, inneren Frieden?

Sehnsucht

Fühlst du eine Sehnsucht in deinem Herzen, dich für eine besondere Menschengruppe einzusetzen? Gibt es ein bestimmtes Land, das dich nicht loslässt? Was bewegt dein Innerstes? Was rührt dich zu Tränen?

Worte von anderen

Eine Berufung wird von Gott häufig auch durch andere Menschen ausgesprochen und/oder bestätigt. Achte darauf, was dir zugesprochen wird, und mache dir stets Notizen in deinem geistlichen Journal. Dadurch kannst du über einen längeren Zeitraum hinweg beobachten, ob sich bestimmte Worte und Eindrücke häufen. Übereinstimmung kann es auch dahin gehend geben, dass du deine Berufung mit mehreren Personen teilst. Dies kann zum Beispiel dann vorkommen, wenn es um die Gründung eines Gebetshauses geht, wofür es mehrere Personen braucht.

Zeit und Verstand

Wenn alle (oder manche) dieser vorher genannten Punkte über einen längeren Zeitraum Bestand haben, kann das ebenso ein Wegweiser zu deiner Berufung sein. Nutze auch deinen Verstand und prüfe diese Punkte immer wieder. Eine Berufung ist nichts Flüchtiges oder ein kurzzeitiger Traum, den du vergisst. Wenn Gott dich zu etwas Bestimmtem beruft, kannst du dir sicher sein, dass es immer wieder kommt und dich nicht loslässt.

Ganz persönliche, spezifische Berufungen können sich zu den verschiedensten Zeitpunkten in deinem Leben äußern und müssen nicht unbedingt sofort der Realität entsprechen. König David wurde beispielsweise bereits 14 Jahre vor seiner Herrschaft zum König berufen. Schwer vorstellbar, so lange auf eine so klare Berufung warten zu müssen. Oder nehmen wir das Beispiel Jesu. Er war 33 Jahre alt, als er seine Berufung erfüllte, die schon zu seiner Geburt ausgesprochen wurde.

Deine Berufung zu entdecken, in ihr zu wachsen und sie gar zu erfüllen, kann also sehr oft ein langer Prozess sein. Du brauchst keine Eile zu haben, wenn dir noch nicht ganz klar ist, wie der Plan für dein Leben eigentlich aussieht oder was deine spezifische Berufung ist. Das Gras wächst nicht schneller, wenn wir daran ziehen. Es wächst dann besonders gut, wenn du einen Rahmen schaffst, in dem Wachstum möglich ist.

Wachstum braucht viel Geduld und genügend Zeit. Es ist wie mit dem Anlegen eines Gartens. Du musst dir überlegen, welche Pflanzen und Früchte du haben möchtest, und brauchst dafür geeignetes Saatgut. Um den Boden gut vorzubereiten, sollte die Erde nach dem Pflügen locker und von guter Qualität sein. Nach dem Säen braucht deine Saat Sonnenlicht und Wasser. In den meisten Fällen gibt es für verschiedene Pflanzen auch einen speziellen Dünger, um eine gute Ernte zu erreichen. Außerdem musst du die Saat vor Vögeln schützen und immer wieder auf Jagd nach frischem Unkraut gehen.

Auf unser Leben als Christinnen umgemünzt, bedeutet das, dass wir uns um unser Wachstum kümmern müssen, indem wir uns gute geistige Nahrung suchen. Es bedeutet, sich von Jesus als Quelle des wahren Lebens und der Liebe durchtränken zu lassen. Wir dürfen unser „Unkraut" in der Beichte von Jesus auszupfen lassen. Wir dürfen in diesen Prozess Zeit und Liebe investieren. Bei allem, was wir tun können, um das Wachstum zu fördern, ist jedoch die Erkenntnis am wichtigsten, dass das Wachsen ausschließlich Gott selbst dazu schenken kann.

Wenn du Angst hast, deine Chance verpasst zu haben, deine Berufung zu erfüllen, sei getröstet! Gottes Plan ist so viel größer, als wir es uns vorstellen können. Bitte ihn ganz konkret um die Offenbarung deiner Berufung und Gelegenheiten, sie zu leben.

Gott hat deine Wünsche und Sehnsüchte in dich hineingelegt, um dich auf deine Berufung hinzuweisen und vorzubereiten. Diesen Weg zu gehen, heißt auch, immer wieder dein Kreuz auf dich zu nehmen. Jede Berufung verlangt uns etwas ab, das darf sein. Glaube nicht, dass du erst angekommen bist, wenn du hundertprozentige Glückseligkeit erreicht hast. Diese Glückseligkeit wartet im Himmel auf uns. Doch ich möchte dich ermutigen, deinen Sehnsüchten Gehör zu schenken und zu hinterfragen, ob es Gottes sanftes Drängen hin zu deiner Berufung sein könnte.

Studiere nochmals die Bibelverse mit den Berufungen und schreibe hier kurz und prägnant für dich deine Schlüsselpunkte auf:

Wenn du aktuell eine spezifische Berufung für dich herausfiltern und formulieren kannst, dann notiere diese hier. Wenn nicht, mach dir bitte keinen Stress! Dann lege ich dir ans Herz, den Vers zu notieren, der dein Herz momentan am intensivsten berührt, und ihn auswendig zu lernen.

Schlusswort

Abschließend möchte ich mich bei dir bedanken. Du hast diese Reise der Jüngerschaft mit mir gewagt und das macht mir große Freude! Ich möchte dir zusprechen: **Du bist geliebt – als Frau, als Mama und vor allem auch als Königstochter deines himmlischen Vaters.** Du bist eine großartige Alltagsheldin und berufen, in dieser Welt etwas zu verändern! Juble über die Fülle, die Gott dir, deiner Familie und den Menschen um dich herum schenken möchte. Ich hoffe und bete, dass dir dieses Buch eine Stütze und Inspiration auf deinem Weg ist, und wünsche dir weiterhin Gottes reichen Segen!

In Christus verbunden
deine Franziska

Anmerkungen

Quellen

German Father's Love Letter © 1999 Father Heart Communications – FathersLoveLetter.com.

Katechismus der Katholischen Kirche. Oldenbourg, München und Wien / St. Benno, Leipzig / Paulusverlag, Freiburg im Üechtland / Veritas, Linz 1993.

Moms in Prayer International. Link zur Website: https://www.momsinprayer.eu.

Dieses Buch ist inspiriert von

Follow Me! Jüngerschaftsschule. Link zur Website: https://followme.or.at/.

Emily Jensen und Laura Wifler: Rise up, Mom! Wie das Evangelium Dein Muttersein mit Hoffnung füllt. CLV – Christliche Literatur-Verbreitung e. V., Bielefeld 2023.

Medientipps für Eltern und Kinder

Hörspiele und Musik

5 Geschwister (Tobias Schier und Tobias Schuffenhauer). Gerth Medien. Erhältlich im Online-Shop: https://www.gerth.de/aktuelles/themenwelten/kinder/5-geschwister.

Die 4 vom See (Alexander Lombardi und Sandra Binder). Gerth Medien. Erhältlich im Online-Shop: https://www.gerth.de/aktuelles/themenwelten/kinder/die-4-vom-see.

Emmi. Mutmachgeschichten für Kinder (Bärbel Löffel-Schröder). Gerth Medien. Erhältlich im Online-Shop: https://www.gerth.de/aktuelles/themenwelten/kinder/emmi-mutmach geschichten.

Flo – Das kleine Feuerwehrauto (Christian Mörken). Gerth Medien. Erhältlich im Online-Shop: https://www.gerth.de/ansicht/reihe-flo,_das_kleine_feuerwehrauto.html.

KISI – God's singing kids. Link zur Website: https://shop.kisi.at.

Mike Müllerbauer. Link zur Website: https://www.muellerbauer.de/shop/.

Xaver Wuschelkovsky (Magdalena Kubelka). Erhältlich im Online-Shop: https://xaver-wuschelkovsky.at/hoerspiele-fuer-kinder/.

Magazine und Literatur

Family. Das christliche Familien-Magazin. SCM Bundes-Verlag. Erhältlich im Online-Shop: https://bundes-verlag.net/family.

Family Fips. Zeitschrift für Kinder zwischen 3 und 7 Jahren. SCM Bundes-Verlag. Erhältlich im Online-Shop: https://bundes-verlag.net/family-fips.

Kläx. Magazin für Kinder zwischen 7 und 12 Jahren. SCM Bundes-Verlag. Erhältlich im Online-Shop: https://bundes-verlag.net/klaex.

Lydia. Die christliche Frauenzeitschrift. SCM Bundes-Verlag. Link zur Website: https://www.lydia.net.

Sonne im Haus. Magazin für Mütter. Link zur Website: https://www.sonneimhaus.at.

Stefanie Stahl: Das Kind in dir muss Heimat finden: Der Schlüssel zur Lösung (fast) aller Probleme. Kailash Verlag, München 2015.

Weitere Empfehlungen

Christina Walch: My Vision Planner. Link zur Website: https://www.christinawalch.com.

Evangelium Tag für Tag – Evangelizo-App. Erhältlich in verschiedenen App Stores.

Lectio 365-App. Erhältlich in verschiedenen App Stores.

Outbreakband: Frei Sein. Online abrufbar bei YouTube und anderen Streaming-Plattformen.

Stennie Studio: Prayer Journal. Link zur Website: https://shop.stennie.de.

YADA Worship: Der mich sieht (Song zur Jahreslosung 2023). Online abrufbar bei YouTube und anderen Streaming-Plattformen.

YouVersion Bibel-App. Erhältlich in verschiedenen App Stores.